БОРИС НАЙДИЧ

ШТОРЫ

рассказы о детстве

БОСТОН · **2025** · BOSTON

Борис Найдич Шторы. *Рассказы о детстве*
Редактор: Давид Гай
Корректор: Анастасия Дуюнова

Boris Naydich Curtains. *Stories of Childhood*
Edited by David Guy
Proofread by Anastasiya Duyunowa

Copyright © 2025 by Boris Naydich

All rights reserved. No part of this book may be reproduced or utilized in any form or by any means, electronic or mechanical, including photocopying, recording, or by any information storage and retrieval system, without the written permission of the copyright holder.

ISBN 978-1-970342-02-4 (hardcover)

Published by M·Graphics | Boston, MA
    www.mgraphics-books.com
    mgraphics.books@gmail.com

Book Design by M·Graphics © 2025
Illustations and Cover Design by Isaak Feldman © 2025

Printed in the USA

Посвящается моим родителям и современникам. Почти никого из вольных и невольных участников событий, описанных в этой книге, уже нет. Ушли в вечность дорогие попутчики жизни. Но мы не расстаемся. Они живут в памяти о том светлом, несравненном и незабываемом мире детства.

Хочется сказать самые теплые слова моему лучшему другу, жене и вдохновительнице ЕЛЕНЕ за ее долготерпение, понимание и бесценную помощь в работе над книгой.

Особая, искренняя благодарность редактору, писателю ДАВИДУ ГАЮ, без дружеской поддержки и мудрых советов которого публикация этой работы была бы просто невозможна.

Низкий поклон художнику ИСААКУ ФЕЛЬДМАНУ за украшение книги его замечательными иллюстрациями и обложкой.

НЕСКОЛЬКО ПРЕДВАРИТЕЛЬНЫХ СЛОВ

*Откуда я? Я из моего детства.
Я пришел из детства, как из страны...*
Антуан де Сент-Экзюпери

Какая пора жизни была для вас самой счастливой? Большинство взрослых, обремененных опытом жизни людей, наверняка ответят: «детство». И вслед за Львом Толстым могут произнести: «Счастливая, счастливая, невозвратимая пора детства! Как не любить, не лелеять воспоминаний о ней? Воспоминания эти освежают, возвышают мою душу и служат для меня источником лучших наслаждений... Вернутся ли когда-нибудь та свежесть, беззаботность, потребность любви и сила веры, которыми обладаешь в детстве? Какое время может быть лучше того, когда две лучшие добродетели — невинная веселость и беспредельная потребность любви — были единственными побуждениями в жизни?»

Некоторые добавят слова замечательного писателя и мужественного летчика Экзюпери: «Я возвращаюсь памятью в детство, чтобы снова почувствовать себя под его высокой защитой. Как только ты становишься взрослым, тебя пускают одного».

Автор этой книги не случайно вынес в подзаголовок пояснение: «Рассказы о детстве». Ему невероятно интересно вспоминать эпизоды своего взросления, становления личности, для него важно не упустить детали, мелочи бытия, уроки поведения, даже неизбежные шалости, чтобы из отдельных штрихов создать некие пазлы, позволяющие увидеть всю картину в целом. «О детство! Ковш душевной глуби!» — писал Пастернак. Борис Найдич словно пристально вглядывается в себя, в свой юный облик, тихо плывущий к нему, взрослому, из бездонной глуби, колеблющийся, двоящийся, заволакивающийся бисерной рябью, будто отражение в потревоженной воде...

Он родился в 1950 году в Омске. До иммиграции в США (1990) жил в нескольких городах Сибири (Новокузнецк, Барнаул и Кемерово). Закончил Кемеровский медицинский институт, заочную аспирантуру в Москве. Кандидат медицинских наук. Работал врачом в больнице, онкологическом диспансере, скорой помощи. Преподавал и занимался научной работой в медицинском институте. Публиковал труды в научных журналах. После переезда в США прошел процесс переподготовки, включая резидентуру в Национальном Институте Рака (NCI) по радиационной онкологии. Работал радиационным онкологом в Джексонвилле, Флорида, и в Южном Мэриленде.

Участник фестиваля бардовской песни на Алтае и любительского театра в Кемерове. Увлекается литературой, историей, музыкой и альпинизмом.

Жена Елена тоже врач, иглотерапевт. Разделяет интересы мужа. Продолжая традиции семьи, работают в медицине и обе дочери, Маша и Лиза.

«Я описываю разные эпизоды в жанре короткого рассказа. Между этими историями есть глубокая связь. И взятые вместе, они составляют единый сюжет: воспоминания о детстве», — подчеркивает Найдич.

«Ушло навеки детство неведомо куда, но отыскал я средство, как вновь попасть туда». Так он коротко описывает процесс работы над книгой.

Строки эти навеяны стихами Леонида Дербенева, положенными на музыку Александром Зацепиным и ставшими песней-хитом «Куда уходит детство» в исполнении Аллы Пугачевой. И действительно, для написания таких историй необходимо глубокое погружение в то светлое прошлое, далеко ушедшие времена.

НЕСКОЛЬКО ПРЕДВАРИТЕЛЬНЫХ СЛОВ

В памяти читателей замечательные образцы художественных произведений на тему детства. Перечислю некоторые. Это воспоминания Льва Толстого и «Детство Никиты» Алексея Толстого, «Детские годы Багрова-внука» Сергея Аксакова, «Детство Тёмы» и «Гимназисты» Николая Гарина-Михайловского, автобиографическая трилогия Максима Горького, повесть Льва Кассиля «Кондуит и Швамбрания», «Республика ШКИД» Г. Белых и Л. Пантелеева...

Борис Найдич никого из писателей-классиков не копирует, у него свой подход к описанию событий и фактов, и в этом своеобразие его прозы.

Давид Гай, писатель,
редактор книги

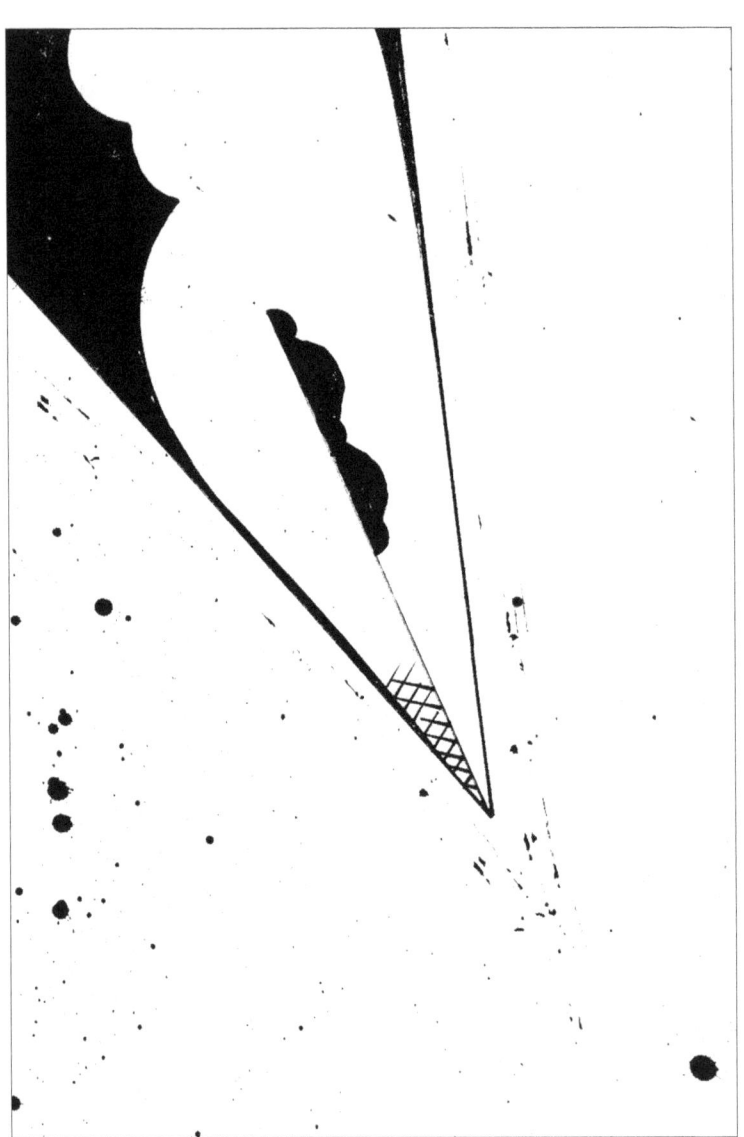

ОТ АВТОРА

Это было в давние времена, в другой стране и в другую эпоху.

С тех пор все изменилось. Появился интернет и искусственный интеллект.

И теперь через спутники на орбитах можно связаться с любой точкой Земли. Можно поговорить по телефону с собеседником, находясь в море, высоких горах, и даже в космосе. А тогда, в 50-х годах XX века всего этого не было. Были радиоточки, репродукторы, передававшие утреннюю гимнастику голосом Николая Гордеева под бодрый фортепианный аккомпанемент, новости об успехах индустрии, хороших урожаях, происках врагов и плохой жизни за рубежом, трансляции футбольных матчей со стадиона «Динамо» с комментариями Вадима Синявского, Николая Озерова и Котэ Махарадзе, музыку Дунаевского, песни военных лет, «Лебединое Озеро» и «Первый концерт» Чайковского.

Первый телевизор я увидел в доме своего деда в Омске. Это был большой ящик с крошечным экраном, впереди которого помещался округлой формы сосуд, сделанный из плексигласа и заполненный водой. Он служил линзой, увеличивая и одновременно чуть искажая изображение на экране. Приходили соседи. Некоторые приносили с собой стулья, а некоторые усаживались на полу, долго смотрели на расчерченную сетку ростра. А потом начиналась программа. Она была единственной для всей страны. Передачи смотрелись с некоторым недоверием, что где-то там в Москве идет концерт, а мы смотрим его в Омске.

С годами человеческая душа сначала немного черствеет. Нужно бороться с обстоятельствами жизни, и на воспоминания остается мало времени.

А потом она становится сентиментальной и склонной к ностальгии. И чем дальше, тем больше. Хочется вернуться в радостную и беззаботную пору детства, или взглянуть на нее хотя бы еще разок, хоть одним глазком. Но как? Память лечит, но она фрагментарна, и с возрастом события и образы расплываются, и теряется фокус.

И все же, при страстном желании увидеть прошлое можно взять ручку, чистый, разлинованный лист бумаги и заглянуть к себе в душу. И тогда возникает эффект Михаила Булгакова, который описан в «Театральном романе». Перед тобой как бы разрывается ткань, точнее паутина, и возникают сцены из детской жизни. И так ясно, что ты сам почти физически оказываешься там. Начинается нечто похожее на кино, непрерывный видеоряд событий в мельчайших деталях и подробностях. Остается только зафиксировать это на листке бумаги, а если хотите, то на компьютере. Так и были записаны истории, представленные в этой книге.

Жалею, что не вел дневников. Как бы было интересно сравнить детали. А может что упустил, перепутал. Но за правдивость описанных событий ручаюсь. Все так и было.

Появились шторы. С них все и началось…

ШТОРЫ

В 1974 году сначала в ограниченном, а потом и в общем прокате вышло долгожданное «Зеркало» режиссера Андрея Тарковского. И вот сижу я в кинотеатре, смотрю «Зеркало» и вижу на экране то, что знаю и помню с самого начала своей жизни: открытое окно и раздувающиеся на ветру паруса оконных штор.

Шторы были легкие и прозрачные. Когда мама открывала окно, с ними играл ветер. И они все время меняли цвет: от голубого до серого. Иногда по ним пробегала рябь, и они текли, как вода. Иногда они прикасались к веткам дерева, и на них танцевали теневые аппликации самой причудливой формы. Я мог смотреть на это без конца. Смотреть и восторгаться чудесными явлениями, игрой красок, музыкой ветра.

Мне было меньше года. Мама, отец и я жили в коммуналке на три семьи. В анфиладе комнат наша была последней, непроходной. Там была большая железная кровать, шкаф, столик и мое лежбище, из которого было удобно наблюдать за шторой. А в соседней жила семья шахтера: он сам, его жена и дочка, внешность которой я не мог ухватить, потому что она постоянно двигалась, и ее лицо размывалось. А за этой комнатой была другая, и кто там жил, мне было неведомо, потому что она была далеко за пределами доступного мне мира.

Соседи жили весело и громко. Шахтер много пил и играл на гармошке. И всегда одну и ту же песню, которая, как я узнал много позже, называлась «Подгорная». И вот эта «Умпа — умпа — умпа» залезла в мою голову и мешала созерцать. В квартире пахло квашеной капустой и керосином. Капусту соседи квасили в общей ванной комнате. А керосином пахло от кухонных керогазов. Запах был резким, и меня от него тошнило.

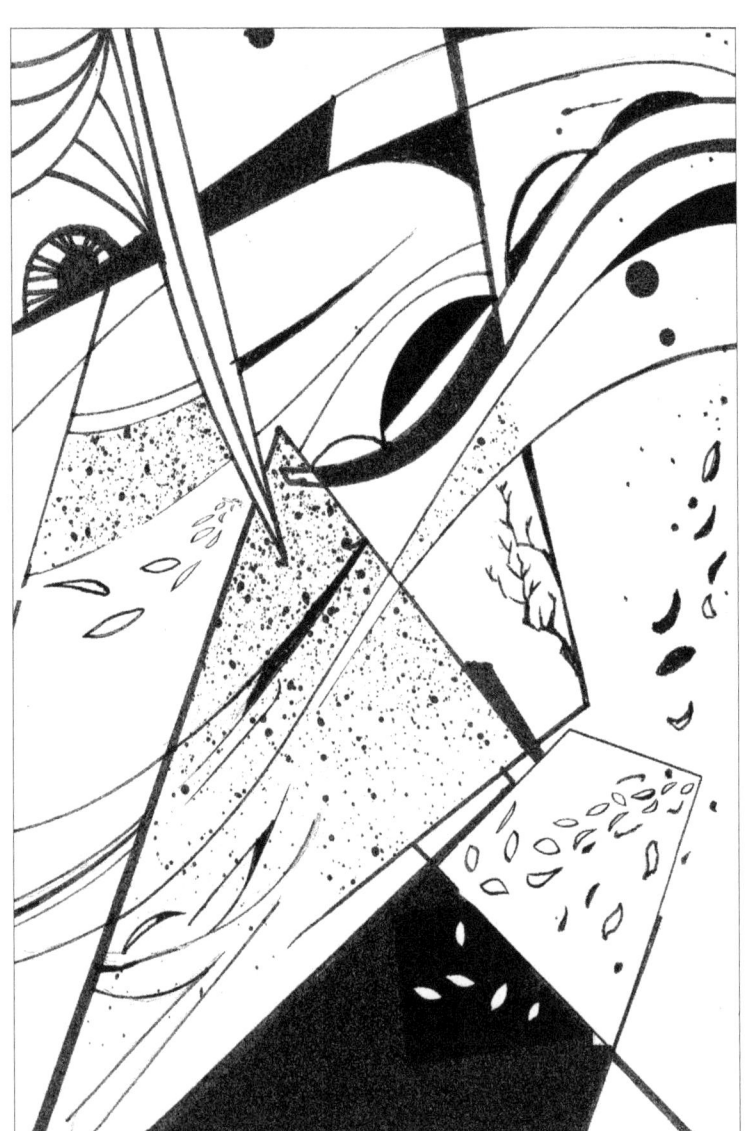

Родители работали, и их никогда не было дома. Когда приходила мама, у меня наступал праздник. Я пытался рассказать про штору, но говорить еще не очень умел. Мама радовалась, что появился просвет для небольшого отдыха от непрекращающейся работы. Тогда она была санитарным врачом на металлургическом комбинате и изучала условия труда сталеваров. От темна до темна. 12 часов в день. Меньше работать было нельзя. Зарабатывали врачи мало, и многие трудились на полторы, а то и две ставки. А иначе как проживешь?

Кто оставался со мной в первый год моей жизни, я не помню. Часть времени в нашей комнате проводила соседская девчонка, которая закрывала окно наглухо, и шторы не шевелились. Я протестовал. Тогда она больно щипалась. А мама удивлялась, откуда у меня синяки. Пока я не научился говорить и не смог сказать откуда. Больше она к нам не приходила. А вскоре её семья получила отдельную квартиру. Переезд праздновали всей квартирой, и «Подгорная» звучала с особым напором, так что ее отголоски еще долго оставались в моих бедных ушах.

Веселый, вечно пьяный гармонист, его жена и щипучая дочка исчезли. Приехали новые соседи. Они были тихие. Не пили, на гармошке не играли. И больше никто не мешал мне любоваться волшебными шторами. Я уже мог ходить, трогать их пальцами и даже дергать во все стороны. Они стали материальными, ощутимыми, и их таинственность стала понемногу таять, исчезать... Остальной мир удивлял, пугал, отталкивал или притягивал, часто одновременно. Так что в этом было невозможно разобраться.

А потом мы получили отдельную двухкомнатную квартиру на улице Орджоникидзе, в районе, который тогда еще был окраиной. Дом построили пленные немцы. За окном был пустырь, моя следующая большая страсть. Дело было холодной и колючей зимой, и окна покрылись толстой коркой ледяного узора. А за окном простиралось большое снежное поле, таинственное в своей пустоте. Его можно было рассмотреть через проталинки в оконном стекле. Нужно было только поскоблить лед, а потом подержать палец, пока не откроется вид наружу через оттаявшее окошечко.

Однажды я услышал громкий, нарастающий гул. Задрожали и задребезжали стекла. Я прильнул к проталинке и увидел странные машины с яркими огнями, и было светло, как в солнечный день. Они двигались колонной, а сбоку стояли люди в тулупах, валенках и меховых шапках и махали красными флажками. «Смотри, мама! — с восторгом прокричал я. — Что это?» — «Это танки, сыночек. Учения, да в такой мороз... Бедные солдатики». И задернула шторы. Но я продолжал стоять на стуле у окна и никак не мог оторваться. Шторы закрывали обзор и мешали. И я их потихоньку отодвинул назад и продолжал смотреть до тех пор, пока танки и сигнальщики не исчезли из виду.

Когда я увидел шторы в фильме Тарковского, в душе появилась щемящая боль. И я заплакал. «Надо же быть таким идиотом и нюней, чтобы лить слезы из-за каких-то дурацких штор!» — ругал я себя. Но ругал зря. Ведь на мгновение я оказался там, в той самой комнате с большой железной кроватью, перед парусами штор, за которыми была тайна будущей жизни. Теперь же многое прожито и никакой тайны больше нет. А тут еще стихи Арсения Тарковского за кадром. И какие стихи! Вот острота воспоминаний накатила и пролилась горькими слезами.

Тогда, после «Зеркала», я написал про ностальгию, которая как волчья засада. Прочитал, порвал листок и выбросил. Я понял, что сильные чувства и слова не соприкасаются. Нет таких слов, чтобы это описать. Слишком остро. Хотя и длится только миг, а потом наступает глубокая анестезия чувств. Яркий фрагмент прошлого блекнет, переходит в черно-белые, затем в серые тона, тает, исчезает из виду, и я возвращаюсь в настоящее, свою суетливую, насквозь будничную жизнь.

...Как же хорошо было тогда, в детстве! У меня были шторы. У меня была мама, не было никаких забот, и вся жизнь была впереди.

1952

Наступил 1952 год. Страна отстраивалась после военной разрухи. Отменили продуктовые карточки. Появилось больше товаров. Возвращались домой фронтовики. Казалось бы, и в самом деле, как однажды выразился вождь «жить стало лучше, жить стало веселее».

Но не было в нашем новом жилье веселья и не было гостей. Только изредка приходил сосед по имени Фред. Он и отец молча играли в шахматы. А я молча наблюдал. Что-то было не так.

А случилось вот что. В марте 1948 года сотрудниками МГБ был убит Народный Артист СССР и глава Еврейского Антифашистского Комитета С. М. Михоэлс. Началось следствие по «антисоветской деятельности» ЕАК, которое в 1952 году завершилось коллективным судебным приговором и расстрелом всего руководства. Но это была только легкая разминка, после которой началась кампания борьбы с «-измами». В качестве основных мишеней обозначили сионизм и космополитизм с плавным переходом к борьбе с «врачами-вредителями», преимущественно среди «лиц еврейской национальности». Обе акции были начаты по прямому указанию Сталина и построены на фундаменте оголтелого государственного антисемитизма.

Товарищ Сталин много говорил и писал о единстве советского народа и интернационализме. Но на самом деле евреев сильно не любил. По причине личной неприязни, а также по вполне прагматичным соображениям. Его личным врагом был еврей Лев Троцкий, лидер оппозиции и соперник по борьбе за власть. Вождь поддержал образование государства Израиль, но евреи его «обманули и перекинулись в лагерь Америки», лютого противника СССР. Ему было доподлинно известно: многие советские евреи относятся к Израилю с большой симпатией, а следовательно, нелояльны партии, государству и, что особенно важно, лично ему, товарищу Сталину. А тут еще врачи той самой национальности из Кремлевской больницы, согласно сообщениям «органов» и его личным наблюдениям, занимаются саботажем и прямым вредительством здоровью руководителей государства. А то и просто травят ядом под видом лекарств. Неслыханное коварство!

Короче, все сошлось: сионизм, космополитизм, коварные врачи, козни мировой реакции и империализма. И он решил с этим безобразием разобраться и положить конец, поставив все еврейское население СССР вне закона. Целая миллионная этническая группа — враг народа! А врагов народа товарищ Сталин стирал в порошок, в лагерную пыль.

По всей стране начались аресты деятелей еврейской культуры. Потом пошли массовые процессы врачей. Повсеместно, в том числе и в Сталинске (будущий Новокузнецк), под следствие попали ведущие специалисты-евреи, имевшие несчастье работать в медицине, и среди них мой отец. Он был главным санитарным врачом города, членом горкома партии, большим энтузиастом своего дела. Санитарная служба города была поставлена хорошо. Отца хвалили и награждали почетными грамотами.

Летом 1952-го, сразу после очередного награждения, отец был неожиданно вызван в горком на экстренное совещание актива, обвинен в умышленном заражении детей города инфекционными заболеваниями, исключен из партии, и на него было заведено дело о вредительстве. Начиналось следствие. Отцу было позволено работать рядовым врачом в городской санэпидстанции. Он находился на свободе, живя под расстрельной статьей, в обстановке постоянной травли и ненависти. Газеты выходили со злокачественными антисемитскими материалами и зачитывались вслух на собраниях рабочих коллективов. Граждане требовали расправы над «врачами — убийцами».

Родители пребывали в страхе и готовились к катастрофе. Но они сделали все, чтобы я ничего о происходящем кошмаре не знал. В доме не было газет, и я делал свои самолетики из тетрадной бумаги. А мама, несмотря на мои протесты, скручивала громкость радио до комариного писка. И ставила пластинки с музыкой Чайковского и Верди. Мне нравился марш из «Аиды». А в «Лебедином озере» слышалась тревога. За помощью я приходил к отцу. Он сидел за столом, курил и молчал. Он гладил меня по голове и говорил: «Не бойся, сынок. Это сказка. А сказок не нужно бояться. Вот я не боюсь ни сказок, ни былей».

Я радовался, что отец был дома. С ним было надежно. С ним можно было не бояться злого волшебника Ротбарта. А больше мне бояться было нечего. Я продолжал жить в беспечном мире детства, мире сказок, музыки и неизменно хороших новостей. И о трагедиях реальной жизни узнал много позже. Мне крупно повезло: события 1952 не успели отравить мою жизнь. А в марте 1953-го товарища Сталина не стало.

По радио прозвучала Шестая Симфония Чайковского, и страна погрузилась в траур, а родители ожидали скорой расправы. Но дальнейшая эскалация репрессий не входила в планы нового руководства. И вскоре преследование врачей прекратилось. Оказалось, что обвинения были целиком сфабрикованы «вражескими элементами» в аппарате МГБ. «Вражеские элементы» таковыми себя не считали и не могли считать. Они ведь были назначены самим товарищем Сталиным делать эту самую работу. И ведь как старались! Арестовывали тысячами, пытали, били и выбивали показания, проявляли творческий подход, фантазию и изобретательность в выявлении заговоров и диверсий. Раньше за это им давали ордена и денежные награды. Но наступили новые времена, и правила работы неожиданно изменились. На этот раз особо отличившиеся передовики гэбэшного производства были наказаны, арестованные врачи отпущены на свободу, и антисемитские публикации газет прекратились.

Прекратились и следственные действия в отношении моего отца. Его вызвали в горком, извинились «за ошибку» и вернули партийный билет. Вскоре он был переведен в Кемерово, назначен главным санитарным врачом области и уехал устраиваться. А мы с мамой остались в Новокузнецке и так прожили вдвоем шесть лет. Отца как бы не стало, но он оставался со мной. Мой защитник и спаситель. Низкий ему поклон.

КАМЕНЬ

Кроме шишки на голове, ничего не было. Но голова болела. Небо, ограда вокруг площадки, горки, и даже дальние рыжие гаражи расплывались, раздваивались и качались, словно плыли по воде. По серо-голубому небу поползла легкая паутинка. Я зажмурился. Но паутинка не пропала и назойливо следовала за поворотом глаз, оставаясь прямо в центре. Как будто кто-то ее туда засунул, и она застряла.

Я поднял попавший мне в голову камень, пощупал его со всех сторон и долго держал прямо перед глазами, пока, наконец, его силуэт перестал двоиться. Хотя паутинка мешала, я видел непрерывную поверхность камня так ясно, словно в увеличительное стекло. Это была обыкновенная речная галька, гладкая, серо-бурая с двумя белыми прожилками, без единой черточки или трещинки.

«Обыкновенная речная галька, — думал я, — а голова болит, как от пули». А они все еще стреляют и бросают гранаты.

— Огонь! — закричал я и изо всех сил бросил камень назад в «фашистов», напавших на наш детский сад с соседних гаражей. «Огонь!» — кричали наши солдаты, вступая в бой. И даже некоторые девчонки бросали камни. Но только недалеко. А «фашисты» кричали в ответ: «Бей детсадовцев!» и бросали камни далеко и метко. Мы несли потери. Многие стали отступать, и мне стало обидно, что враги побеждают.

Я заплакал. И уже швырял камни куда попало. Пока я возился, вытирая слезы и сопли, приехала милиция, и «фашисты» стали отступать. А меня и еще нескольких оставшихся бойцов из нашей средней группы вернули в детский сад. Война закончилась.

Через щель полураскрытых штор ярким фонарем светила луна. На ней виднелись горы и навязчивая паутинка. Мои боевые товарищи уже спали. И, как будто не было никакого боя, мирно сопели. Мне же никак не спалось. Болела шишка, и не проходила злость на врагов. И я запел: «Вот солдаты идут по земле опаленной. Тихо песню поют про деревья, про клены...» Откуда-то появилась тетя Даша. И стала ругаться, что я не сплю. Я рассказал про шишку и про то, как был ранен в бою. Она пожалела, погладила по голове, села на кровать и стала убаюкивать, как маленького. Мне стало еще обиднее, и я опять заплакал. И от такого стыда сморился и окончательно уснул.

Эта история имела серьезные последствия. От удара камнем я забыл стихи про Руслана и Людмилу, которые знал наизусть. Навязчивая паутинка так и осталась, и потом мешала видеть всю голубизну неба. И еще музыка, которую я очень люблю, стала тревожить душу, вызывая непроизвольные слезы. Лить слезы на виду у людей стыдно. Не по-мужски это, не по-бойцовски. Теперь приходится ее слушать, когда никого рядом нет.

Невесело быть раненным в голову. Но я терплю. Ведь мне уже 6 лет. И я всего лишь ранен. А мог бы быть убитым, как мой дядя под Ленинградом зимой 1942.

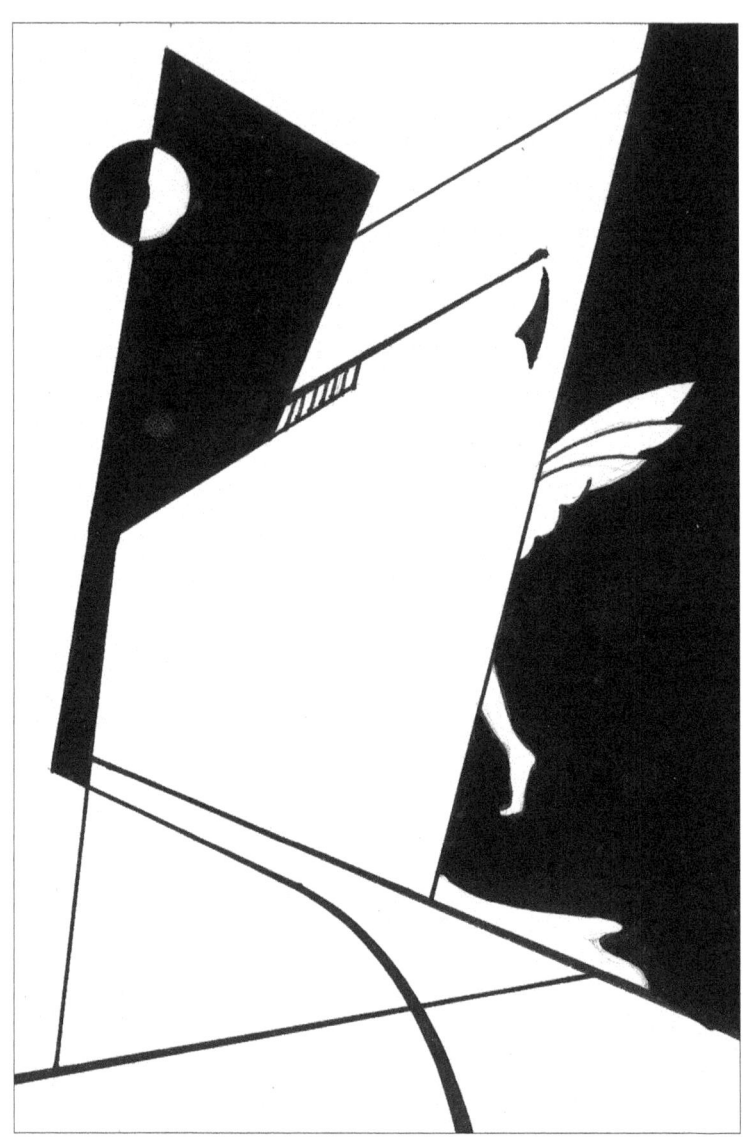

ПОДАРОК

Я любил маму. Она была важнее всего на свете. И мне всегда хотелось ей что-нибудь подарить. Приближался праздник 8 марта, а мама была женщиной. Она работала врачом. А я оставался дома один, и времени на поиски подарка было много.

Я думал об этом целых два дня, но ничего подходящего в голову не приходило. И тогда стал внимательно смотреть вокруг, начиная с кухни. Вначале я выбрал большую кастрюлю, но она была неновая, со следами накипи и какого-то линялого цвета. А больше на кухне ничего интересного не было. Так, ложки и вилки разные, сковородка и ножики, скалка и доска, на которой мама резала хлеб. Была еще одна смешная круглая штука с дырками и странным названием — дуршак, кажется, или дуршлаг. Ну кто же такое маме подарит?

В шкафу в спальне водились одежда и туфли. Но мама их уже надевала. Дарить ношеное было глупо. Можно было подарить верхушку от елки. Это был бы отличный подарок! Но елочные игрушки жили в коробке на антресолях, и добраться до них я никак не мог. Пробовал. Волоком притащил стул из кухни, потратив немало сил. Только зря надеялся: до антресолей со стула было не дотянуться. А лестницы, как у пожарной машины, у нас в доме не было.

Потом я подумал о собаке. Вот было бы здорово! Я бы с ней играл, кормил и укладывал спать. Нет, это, конечно, был бы подарок для мамы. Но когда её нет дома, почему бы не поиграть. Вдруг вспомнилось, что однажды мы встретили собаку на улице, и я попросил, чтобы она с нами жила. Собака была голодная, неумытая и хромала на переднюю лапу. Мы дали ей кусок моей булки с маслом и сахаром, который она тут же целиком проглотила.

И чуть не подавилась. А потом долго шла за нами. Но домой её мама взять не разрешила. Сказала, что содержать животных очень трудно, требует много времени и сил. И она этим заниматься не сможет. Да, очень жаль. Но для маминого подарка собака не подходила.

Так я слонялся по комнатам и осматривал хорошо знакомые предметы снова и снова. Их было не так уж и много. Скоро это занятие надоело. Я поплёлся в спальню, включил проигрыватель, поставил пластину с «Кармен», забрался на кровать и в который раз стал слушать: «У любви, как у пташки, крылья, Её нельзя никак поймать». Это была ария о невезении. Ищи не ищи, а подарка все равно нет как нет.

Но тут моя ладонь ощутила приятный пушок ворса. Это было наше новое китайское одеяло. Как же я мог о нем забыть?! Я даже вскрикнул от восторга. «Вот оно, то самое, что я так долго искал. Наикрасивейшее и наипрекраснейшее одеяло из верблюжьей шерсти! И совсем новое! Вот это будет подарок!» Я принялся гладить одеяло обеими руками и подпевать Кармен: «Одеяло, мое одеяло. Его нельзя никак поймать. И напрасны все усилья: его нельзя никак поймать». Получился отличный дуэт. И мы с Кармен пропели его три раза на бис.

Дальше все пошло легко и весело. Я придумал, как сделать подарок еще лучше, еще красивей. Вспомнилась шкатулка, которую я когда-то видел в квартире соседей. А еще я видел шкатулку на картинке в книге о «Пиковой Даме». И у моей мамы должна быть такая шкатулка, только лучше! И она у меня была! Красная железная коробочка от монпансье. Я хранил в ней спичечные наклейки из «Необыкновенного концерта», «Видов Москвы», несколько военных пуговиц, две пустые гильзы от патронов, значок ВДНХ с отломанным винтиком и другую полезную всячину. И совсем кстати там была синяя ленточка от старого новогоднего подарка.

Я побежал на кухню, высыпал «всячину» из моей «шкатулки Пиковой Дамы» в коробку с нитками, взял большие ножницы, кусочек мела, и быстро вернулся в спальню. Я боялся, что что-то непременно случится и одеяло исчезнет. Но нет, оно было на своем обычном месте. Пластинка по-прежнему играла оперу «Кармен». Хор пел: «Хосе, вызывает тебя капитан». Все было в порядке. Можно было приступать к завершению проекта. Выбирать место было легко. На уголках одеяла ворс был пушистее. И там были изображения цветов. Я видел, как шила мама. Она рисовала линию мелком и отрезала прямо по ней. Но мел не оставлял следа на верблюжьей шерсти, и резать пришлось наугад. У меня оказалась точная рука. Разрез прошел через оранжевую кайму и уголок цветка. Встречный разрез пришелся на пересечение с первым. И вот я держал в руке превосходный квадрат, который целиком поместился в коробочку от монпансье. Осталось повязать синюю ленточку. С ней я возился долго, потому что не знал, как правильно завязывать бантик, а поучиться было не у кого. Поэтому в конце ленточка вышла сильно помятой, и вместо бантика получился большой узел.

Повернулся ключ. И вошла мама. Я уже целый час ждал её у порога.

Протягивая коробочку и стараясь не тараторить и не кричать, я произнес торжественную речь.

«Мамочка, — сказал я, — Еще рано, но я хочу поздравить тебя с наступающим праздником всех женщин и подарить подарок».

Мама открыла коробочку, выронила её из рук и бросилась в спальню. Я побежал за ней.

Она сидела на полу и плакала. Я не знал, что делать и только бормотал: «Мам, ты не плачь. Ну пожалуйста! Я хотел подарить все одеяло. Но оно в коробочку не входило».

Она меня обняла. Несколько слезинок упали мне на лоб и на ухо.

— Дурачок ты мой маленький, — тихо произнесла она. — Я тебя тоже сильно люблю.

Мы долго сидели в обнимку на полу и смотрели на одеяло с вырезанным уголком и так просидели весь финал «Кармен», которую из-за любви, как у пташки крылья, убил Хосе, которого вызывал капитан. Я сильно переживал ход вещей. Одеяло без уголка мне совсем не нравилось. Надо было подарить целое. А еще лучше — собаку.

Уголок маме удалось пришить обратно. Теперь одеяло смотрелось как новое. А собаку с грустными глазами я больше никогда не видел. Она пропала.

Много лет спустя я написал стихи. Стихи неважные. Поэтому я их выбросил в мусорное ведро. Но в памяти сохранились две строчки: *«Любовь должна спасать, а не губить или печалить. Подарки — суета. Они не стоят чувств и могут лишь забавить».*

До пошлости банально, но ведь это сущая правда, не так ли?

СЕПСИС

У меня пропала мама. Я ее так ждал. Но она не пришла, чтобы забрать меня домой. Был конец недели. Всех забрали, а я остался спать в палате детского сада один среди полумрака опущенных штор, рядов пустых коек и тишины. Где-то далеко горел свет. Это была комната, где хранились наши ночные горшки. А мой стоял под кроватью и пах хлоркой. Я лежал и думал о маме и мечтал о запахе нашего дома. Почему она не пришла? Что стряслось? С этими невеселыми мыслями я заснул.

Утром в столовой мне досталось целых два стакана киселя, оставшегося на кухне со вчерашнего полдника. Там стояла полная кастрюля, громадная, как ведро. Дежурная няня, тетя Клава, предложила еще стакан. Но в меня уже не входило. И пришлось отказаться. Потом в пустом зале я играл в конструктор и стал строить крепость. Но строить крепость одному было скучно. Вернулась тревога, а все вокруг заполнила пустота. Я был один-одинешенек на целом свете...

— Где моя мама? — Во мне все кричало, и собственный голос звенел в ушах. Прибежала тетя Клава. Села рядом на пол и стала успокаивать.

— Твоя мама в больнице. Ты не бойся. Все будет хорошо. Тебя скоро заберут. Давай я тебе почитаю книжку.

Я не хотел слушать. Мне была нужна мама. Тетя Клава погладила меня по голове и стала читать про дядю Степу. И пришлось терпеть до самого конца. Потом я снова пил кисель и все спрашивал тетю Клаву о маме. Но она только повторяла: «Мама в больнице. За тобой скоро придут».

И действительно, вскоре за мной пришли. Это была тетя Женя, мамина подруга. И я провел у нее целых два дня. Тети Женина квартира была маленькой. В одной ком-

нате жили ее родители: дедушка Карл и бабушка Евдокия. В другой — сама тетя Женя и ее дочка Надя, которая была старше меня на целых полтора года и уже ходила в школу. Мы играли в большой полосатый мяч и в «классики» во дворе. Я эти игры не любил. В них играли одни девчонки. А я хотел играть в пограничника с собакой. Но деваться было некуда, я был в гостях.

Как мне сказала Надя, ее дедушка Карл только что приехал из ссылки. Он был русским немцем. Я не очень понимал что к чему. В голове была полная неразбериха. В ссылке был сам Ленин. Но давно вернулся. И даже успел умереть. А дедушка Карл провел там 18 лет. Если он русский, то почему немец? Когда мы ссорились с Надей из-за мяча, она обзывала меня немцем, а я ее — еврейкой. Это были злостные, ругательные слова. Так что и у Нади с пониманием «национального вопроса» в голове была каша-размазня. Но мы были друзьями и надолго ссориться не могли. А произнесенные слова для нас в том возрасте не значили ровным счетом ничего, просто служили средством друг другу досадить.

Я спал на Надиной кровати, а она с тетей Женей. В их доме было хорошо, но в маленькой квартире и самим хозяевам было тесно. Наутро в понедельник дедушка Карл отвел меня в детский сад. Там было шумно и весело. И я забылся почти на весь день. А вечером опять заскучал. Я не хотел оставаться в садике на ночь и требовал, чтобы меня вернули к маме. Тогда меня взяла к себе домой добрая Анна Григорьевна, воспитательница нашей средней группы. Она была большая, черноглазая и черноволосая красавица, похожая на Кармен.

В Анне Григорьевне мне нравилось все, особенно тембр ее голоса, низкое грудное контральто. Ее квартирка была еще меньше, чем у тети Жени, и состояла из кухни и одной комнаты, где жила она и ее брат Виктор. Его железная койка стояла у левой стены от окна, а большая кровать Кармен располагалась у правой. В дальнем углу с его стороны на полу стояли гири и гантели. А с другой стороны — ее столик с зеркалом. Перед окном стоял письменный стол и стул, со спинки которого свешивался эспандер. Улыбчивый дядя Виктор совсем не походил на сестру. У него было широкое лицо с открытым лбом, серые глаза и фигура атлета. Он был в майке, и его большие бицепсы вызывали восторг.

— Дядя Виктор, — сказал я, — а вы Чемпион? Дайте потрогать мышцу.

— Чемпион, — улыбнулся он, поднял меня одной правой рукой и напряг бицепс на левой.

Я потрогал. Дядя Виктор был сделан из камня. Потом я долго не отставал от него, упрашивая поднять самую большую, двухпудовую гирю. И он ее легко поднимал правой и левой рукой, подбрасывал и ловил в воздухе. А потом подбрасывал меня. Анна Григорьевна вскрикивала:

— Витя! Осторожно! Не разбей ребенка!

Наверное, Кармен я виделся хрупкой елочной игрушкой в руках ее брата-силача.

Она забрала меня в свою кровать и стала рассказывать сказку. С ней было хорошо, тепло и уютно. Я стал засыпать. И через сон услышал ее тихий шёпот:

— Вить, давай возьмем его к себе. Пусть, если что, живет с нами.

Потом, уже совсем издалека послышался шепот Виктора:

— Я, конечно, не возражаю. Пусть поживет мальчишка. Но у него же есть отец и другие родственники. Кстати, а почему он не у них?

— Я не знаю. Все так неожиданно получилось. Наверное, скоро заберут. А жаль.

— Тебе, Аня, замуж надо. И давно. Чтобы своего иметь. А у этого собственная мать есть. И пока что живая, правильно?

Утром мы пошли в садик. Я и Кармен. Она забирала меня домой всю неделю. А в пятницу, после «мертвого часа», подошла, обняла, поцеловала в лоб и спросила:

— Боря, если мама не вернется, ты останешься со мной жить?

— Анна Григорьевна! Тётечка Кармен! Ты моя самая любимая тетя. Но я хочу к маме. Она меня никогда не бросит. И я буду всегда с ней жить.

Приближался вечер. И я думал: «Побуду у Анны Григорьевны и дяди Виктора еще одну ночь. А завтра придет, наконец, мама и меня заберет».

— Борь, ты знаешь Мельниковых? — Анна Григорьевна стояла рядом и с грустью смотрела на меня.

— Да! Тетя Оля и дядя Володя наши соседи. Дядя Володя мой самый любимый дядя! Он герой войны. У него нет ноги. Я хочу походить на него!

— Они пришли тебя забрать. Об этом попросила твоя мама.

— Мама? А где она?!

— Все еще в больнице. Болеет. Но скоро поправится. А пока ты поживешь у соседей.

Я обрадовался. И, когда увидел дядю Володю, бросился к нему, чуть не сбив с ног:

— Дядя Володя! Тетя Оля! Я теперь у вас жить буду?

— Конечно, у нас! Пока не поправится мама. Согласен?

Я был согласен. И мы пошли. Дядя Володя хромал на протезную ногу, но, как всегда, шагал бодро, опережая тетю Олю, которая пыталась его догнать, но все равно отставала на полшага. А я бежал вприпрыжку и ничуть не отставал. Свернув на улицу Орджоникидзе, я увидел свой дом. Радости не было конца.

В квартире Мельниковых Нина и Саша, сестра и брат, она на год старше, а он на год младше меня, встречали нас у порога. Тетя Оля была домохозяйкой, и им был не нужен никакой садик. Мы здоровались и говорили обо всем и ни о чем. А потом тетя Оля позвала всех к столу. Она приготовила биточки с картофельным пюре, такие же, как нам давали вчера на обед в садике. Но тети Олины были намного вкуснее. Потом был чай. И каждый из нас получил целый мятный пряник. Дядя Володя выпил рюмку водки, закусил своим пряником, взял гитару и спел «Утро туманное». А мы молча слушали.

Я скучал по маме. И по отцу, которого давно не видел, потому что он был всегда занят. Вот и сейчас, как мне сказал дядя Володя, он находился в какой-то командировке. Потом, много лет спустя, я прочитал пьесу «В ожидание Годо», где главный герой, которого все ждут, так и не появляется на сцене. Вот и я ждал и ждал отца. Но он появлялся редко. И иногда не появлялся совсем. Это была не его вина. Это была его работа, которая не оставила времени на семейную жизнь.

— Дядя Володя, расскажите про Финскую войну! Пожалуйста! — стал приставать я.

Он уже рассказывал, и не один раз, но рассказы сводились больше к музыке, а о самой войне очень скупо, почти ничего. Тетя Оля принесла еще два пряника, которые были разрезаны на кусочки и теперь лежали в тарелке на середине стола. Дядя Володя выпил вторую рюмку. Спел «Не отвергай воспоминаний». У тети Оли увлажнились глаза. Она взяла бутылку со стола и ушла на кухню. А мы сидели и ждали. И он начал свой рассказ.

— Я был хорошим лыжником, мастером спорта. Вступил в добровольческий лыжный батальон, который формировали в Ленинграде. Помню, как с моим другом Константином бегали в самоволку, чтобы попасть в Мариинку. И сходило с рук. Мы, брат ты мой, такие спектакли смотрели, слушали таких артистов! Да...

Дядя Володя вставил сигарету в янтарный мундштук и закурил.

— Потом нашу часть отправили на Карельский перешеек воевать с финнами. Я попал в специальную роту. Там были только перворазрядники и мастера, лучшие из лучших. Ходили в разведку. Пару раз заходили финнам в тыл. Ну и попадали то в засаду, то на минные поля, то под снайперский огонь. За месяц из роты осталось пять человек, кто без ноги, кто без руки, кто без всего. Вот у меня протез. Но я живой. А Константин погиб. Да... Оля, налей. Помянем Костю.

Тетя Оля принесла полрюмки водки и полпряника. Дядя Володя молча отломил кусочек, выпил, закусил и глубоко втянул в себя сигаретный дым. Выдохнул вверх, подальше от нас. Снова взял гитару и спел «Пару гнедых». У тёти Оли на глазах выступили слезы. И у меня тоже.

Дядя Володя был неповторимым знатоком и исполнителем русских романсов. Мы слушали как завороженные, не понимая многих слов, но впитывая мелодику и настроение музыки и стихов. Даже непоседливый Сашка сидел неподвижно и молчал. Ночью я долго не мог заснуть и все глядел на протез, лежавший поперек, в дальнем конце его кровати, и думал: «Как бы было хорошо, если бы у дяди Володи была своя настоящая нога».

А на следующий день меня из садика забрал отец.
— Здравствуй, колобок.— Он взял меня на руки и прижал к себе.— Соскучился я по тебе. Пора домой.
— А мама?
— Она тебя ждет.

Мы шли домой по осеннему городу, обходя лужи и наступая на кучи желтых листьев, занесённых ветром на тротуар. В окнах домов уже горел свет.

Я торопился увидеть маму. Но мы шли вначале быстро, а потом замедлили ход. Это была редкая, может быть, единственная прогулка с отцом за все время, проведенное мною в детском саду.

Щелкнул дверной замок. Открылась дверь. На пороге стояли мама, дед Иосиф и бабушка Стася. Вся семья. Я бросился к маме. Мы обнялись и долго не отпускали друг друга. Она сильно похудела, лицо осунулось, глаза ввалились и стали из светло-голубых мутно-синего цвета. Вокруг образовались черные мешки. Мама некрепко стояла на ногах, и мы все пошли в спальню, чтобы она могла лечь. Я обнимался со своими стариками, которые только что приехали из Омска на помощь, бросив свое хозяйство и потратив всю пенсию на проезд и гостинцы.

Потом мы слушали рассказ отца о мамином сепсисе, заражении крови, которое началось с простой лакунарной ангины и чуть ее не убило. Помог пенициллин.

Через 17 лет сепсис случился уже со мной. Началось с фурункула носа и быстро перешло в системный процесс. Пенициллин не помогал, а других антибиотиков в нашем городе не было. Я лежал в реанимации, теряя надежду на спасение. Умирали соседи по палате. А я видел громадных бабочек, летающих над их усопшими телами. Наверное, это были их души. Я перестал узнавать людей и медленно погружался в сон, в котором мне являлись все, кого я когда-либо знал. Чаще других я видел маму. И тогда где-то там, далеко, слышались обрывки фраз, отдельные слова: «Держись! Я выжила. Выживешь и ты!» Лишь иногда сознание просветлялось, становилось невыносимо жарко изнутри и хотелось выбраться из собственной кожи. Завотделением оказался человеком творческим. Вспомнив давно забытый метод лечения инфекций, которым пользовались военные врачи еще тогда, когда никаких антибиотиков не было и в помине, он назначил внутривенные инъекции спирта. Спирт сжёг все вены, вызвал токсический миокардит, не проходивший целый год, но спас мне жизнь.

И вот я задаю вопрос: А что бы было, если бы в больнице Новокузнецка не оказалось спасительного лекарства, а врачи в Кемерово не проявили бы изобретательности и не пошли на риск? Тогда бы победил Сепсис. И я бы остался без мамы в возрасте 6 лет и умер молодым. Так, как умерли миллионы жителей средневековой Европы во время эпидемии чумы. У них, бедных, в отличие от нас, для спасения не было никаких шансов и никаких средств.

ПИАНИНО

Знакомство с музыкой началось еще до того, как я научился разговаривать, — с «Подгорной», которую сосед по коммуналке вечера напролет наигрывал на гармошке. А когда мы переехали в отдельную двухкомнатную квартиру на улице Орджоникидзе, мой отец иногда под настроение напевал «Кирпичики». Мама укачивала меня под «Вот солдаты идут...» А по радио звучали другие патриотические песни, песни народные, хоровые и сольные. Репертуар расширялся. Мелодии запоминались сразу, а слова не имели значения. Мотивы постоянно звучали в моей голове, и я их легко интонировал своим тонким голоском. Мама умилялась и рассказывала про мой «талант» своим знакомым, среди которых я слыл музыкальным вундеркиндом.

В марте 1953 года по радио передавали музыку Чайковского и непонятные сообщения о Чейне-Стоксе. Мама объяснила, что эти слова, которые мне почему-то понравились, на самом деле означают неправильное дыхание. Так дышал больной товарищ Сталин. Было тревожно на душе, потому что родители молчали, и все дни напролет звучала печальная музыка. А потом он вообще умер. И по радио снова и снова играли Шестую симфонию. И каждый раз она вызывала слезы. В тот день определился мой музыкальный вкус: «Шестая» победила «Кирпичики». Я понял, что музыка бывает простая и серьезная. «Для серьезной, — думал я, — нужен специальный повод, например похороны». Мама объяснила, что это вовсе не обязательно, и серьезную музыку можно слушать и без всякого повода, просто для удовольствия.

Родители много работали и возвращались домой поздно. А я был как бы сам по себе. По утрам приходили няни, нанятые мамой, чтобы присматривать за мной. Приходи-

ли, потом исчезали и появлялись новые. С ними не везло. Некоторые сильно щипались и наставляли мне синяков. А те, которые не щипались, занимались своими делами, и на меня внимания не обращали. Одна такая тетя по имени Зоя посадила меня на подоконник у открытого окна смотреть на прохожих и ушла красить ногти. Прохожие подняли крик и позвали милиционера. Он поднялся в нашу квартиру и составил протокол. Меня он взял в милицию, где было очень интересно. Но я не успел как следует оглядеться, потому что меня почти сразу забрала мама. А вскоре у нас появилась новая, очередная няня, да и та ненадолго. Других контактов с внешним миром у меня тогда не было, а если и были, то не запомнились. Так продолжалось долго, но однажды жизнь резко переменилась.

Отчаявшись найти подходящую няню, мама пошла на риск и решилась оставлять меня одного на весь рабочий день. Мне это страшно понравилось. Больше меня никто не щипал. И в доме появился проигрыватель и коллекция пластинок. Она уходила на работу, а я оставался один, играл в бесконечную войну со своими оловянными солдатиками и весь день слушал музыку.

Нашими соседями по площадке была семья Мельниковых: дядя Володя, тетя Оля и их двое детей. Дядя Володя был кумиром моего раннего детства. Внешне он походил на царя Петра из одноименного кинофильма 1937-года в исполнении артиста Симонова. Просто вылитый Петр: грива темных волос, усы, высокий лоб, горящие любопытством глаза и стать, самая настоящая, благородная, аристократическая. У «царя» не было левой ноги. Он потерял ее на Финской войне и с тех пор ходил на протезе.

Дядя Володя был меломаном с изысканным музыкальным вкусом, собирал записи классической музыки, играл на семиструнной гитаре, пел романсы и арии чистым оперным баритоном, вызывая слезы восторга у жены и ее подруг. Вокруг него всегда собирались люди, а трехкомнатная квартира Мельниковых превратилась в место, которое бы сейчас назвали клубом по интересам. А для меня это был храм музыки и знаний.

Со временем я выучил арии из опер Верди, Чайковского, Гуно, Бизе и Моцарта. И многие мог воспроизвести с начала и до конца, даже не понимая фабулы и слов. Но и без слов я переживал их драматизм и красоту. А в увертюрах слов и вовсе не было. Зачем такой красоте и силе пустые слова? У музыки свой собственный язык. И однажды в нашем разговоре я заявил, что на месте Верди все слова бы выкинул и заставил Шаляпина петь без слов. Дяде Володе идея понравилась. Он сказал, что музыку можно мурлыкать или лялякать. «Но, — объяснял он — композитор сочиняет оперу, чтобы рассказать историю. А без слов всей истории не расскажешь. Разве по одной музыке можно понять, зачем Хосе зарезал Кармен?» Нет, мне это было не понятно даже со словами. Так что слова только мешали. Но он был для меня высшим существом, знал все, и не верить ему было нельзя. И постепенно некоторые слова в операх стали приобретать смысл.

Я распевал арии, подражая Шаляпину, Собинову, Лемешеву, Эйзэну и Козловскому. А в 5-летнем возрасте дал свой первый публичный концерт. Это случилось перед самым Новым годом в универмаге на Проспекте Металлургов в отделе, где продавали елочные игрушки. Была страшная очередь и давка. Со всех сторон меня окружали ноги в сапогах, ботинках, ботиках, валенках с калошами и без калош, все однообразного черного цвета. А где-то там, наверху, на полках и прилавках, находились вожделенные, но невидимые мне елочные игрушки. Между лесом ног оставались узкие тропинки. И мне, пользуясь тем, что мама на минуту отпустила мою руку, удалось пробраться к самому прилавку и, не медля ни секунды, вступить в разговор с продавщицей.

— Тетенька! — перекрывая гул толпы, громко крикнул я. — Дайте мне елочные игрушки! Пожалуйста! А я вам за это спою.

Стоя на цыпочках, я мог видеть ее широкое лицо и волосы, собранные в толстый пучок, как у большой луковицы. Лицо мне сразу понравилось. Оно смотрело строго, но было добрым, как у феи в сказке о спящей красавице.

— Ты куда лезешь, мальчик? Здесь очередь! — возмутился рядом неприятный голос. Но тут меня кто-то взял на руки и поставил на прилавок. Открылось все огромное пространство магазина, головы в шалях и шапках, прилавки с коробками, в которых красовались разноцветные и разнообразные елочные игрушки, снегурочки, деды морозы, щелкунчики, гирлянды и серпантины. Там было много других замечательных вещей, которые я не видел раньше. А вдалеке стояла большая наряженная елка, и на ней горели веселые огоньки. Я стоял и не отрываясь смотрел на елку, игрушки, людей, занимавших все пространство торгового зала. А они смотрели на меня.

— Пусть споет! — сказал сначала один, а потом еще несколько голосов.

— Ну, спой, — сказала продавщица и одобряюще улыбнулась. И я громко запел. Нет, это не была оперная ария. Я пел «Кирпичики», жалобную песню про то, как по кирпичикам растащили кирпичный завод, а потом построили назад. Я спел ее до конца под одобрительный шум и смех слушателей, а потом повторил первый куплет. Меня прервал громкий крик мамы: она пробивалась сквозь толпу к прилавку.

— Пустите! Это мой ребенок! — повторяла испуганная мама, которая меня потеряла и теперь нашла. — Пустите!

Но ее и так никто не останавливал. Наоборот, толпа подобрела, и ей помогали протиснуться вперед.

Она наконец оказалась у прилавка, схватила меня как куклу и прижала к себе.

— Нашелся! — успокоилась она и понесла меня к выходу.

— Постойте, гражданочка! — прокричала продавщица. — Купите артисту елочные игрушки. Отпустим без очереди. Правда, товарищи?

Толпа согласно загудела и опять расступилась.

Мама купила красивую верхушку с кремлевской звездой, 2 серебряных зайцев, 2 белок и 1 домик с веревочками, чтобы подвешивать на елку, а также больших Деда Мороза и Снегурочку, чтобы ставить рядом. И мы понесли эти сокровища домой, где я сообщил отцу о своей удаче. Отец был страшно рад. Ведь «Кирпичики» и «Мурку» я слышал от него. Они сразу запомнились и вошли в мой репертуар.

Впечатленная мама привела меня в музыкальную школу. А там были вступительные экзамены, на которых задавали разные глупые вопросы.

— Тебе сколько лет, мальчик? — спрашивала полная, строгая тетя.

— Шесть, — с достоинством отвечал я. — Но через год будет семь или семь с половиной.

— Рановато тебе к нам.

— Он дарование, — вступилась за меня мама. — Он все оперы Верди на память знает.

— Так уж и все... — с сомнением произнес дядя, принимающий экзамен. — Хорошо, послушаем. Ты что будешь петь?

Я спел арию Мефистофеля с большой экспрессией и драматизмом. «Сатана там правит бал» вызвал живой интерес. А я вошел в образ, вообразив себя солистом Большого театра. Затем исполнил «Блоху» Мусорского, бетховенского «Сурка» на итальянском и под конец «Мурку». К этому времени в комнату набилось много людей и стало шумно. Они смеялись. Мой репертуар им явно нравился. Но здесь меня остановила мама. Она прижала ладони ко рту и громко прошептала: «Не надо, Борь. Это плохая песня». Я обиделся и сказал, что хорошая. Полная тетя попросила тишины, а потом выгнала всех, кроме мамы, меня и дяди-экзаменатора, который вытирал слезы носовым платком и хохотал.

— Вы нас извините, — пустилась в объяснения мама. — Это он с улицы принес.

— А о чем эта песня? — широко улыбаясь, спросил экзаменатор.

— О Гражданской войне! — сказал я. — Но, если вам не нравится, я могу спеть «У любви, как у пташки, крылья». Это о Кармен. Ее зарезали ножиком.

— Мы такого в школе не преподаем. Может, вам, мамаша, с частным педагогом лучше позаниматься? Скажи, Боря, зачем тебе музыкальная школа?

— А я и не хочу ни в какую школу. Мне просто музыка нравится, — честно ответил я.

Экзамен кончился. Я смутно догадывался, что сделал что-то не то. Мы шли домой пешком по Проспекту Металлургов. Под мостом текла река Аба. Она была черного цвета. Поток воды быстро пробегал по руслу канала под мостом, создавая завихрения возле бетонных стен, походившие на маленьких живых барашков. Мне нравилось на них смотреть, и я останавливался на мосту и забывался. Однажды мама меня там потеряла: она шла и шла и так пришла домой, а я все стоял на мосту и смотрел. В этот раз мы шли за руку.

Расстроенная мама ругала меня за «Мурку» и говорила, что теперь меня в школу не возьмут. А я радовался. Но радовался зря, потому что меня-таки взяли. Теперь радовалась мама. Но тоже недолго. В школе меня пытали на уроках сольфеджио, заставляя делать дурацкие вещи. А мне было неинтересно рисовать скрипичный ключ и угадывать, куда идет звук, вверх или вниз, с повышением или понижением. И уроки фортепиано проходили скучно. Меня заставляли считать целые, половинки и всякие восьмушки. У меня в голове звучала вторая часть 7 симфонии Бетховена, а учительница заставляла играть какой-то этюд какого-то Черни и вдобавок считать «и раз, и два, пауза, и три». Это называлось ритмом. Я страдал, не понимая, за что мне досталось такое несчастье. Ну да, есть ритм, бекары и бемоли, и всякие там легато. А я-то при чем?

И однажды, придя в полное отчаяние, я взмолился:

— Тетечка, Полина Семеновна, отпустите меня на волю. Я не хочу учиться. Я хочу просто слушать музыку. Отпустите, пожалуйста, очень прошу! Я вам за это спою Мурку!

— Ну ладно, Боря, иди с богом. — С большим облегчением выдохнула Полина Семеновна. — Я же говорила твоей маме: тебе еще музыке учиться рано. Приходи, когда повзрослеешь. Может получиться. Вот тогда Мурку и споешь... Далась тебе эта Мурка!

Я бросился к ней обниматься и только повторял:

— Нет, я больше никогда не приду, никогда-никогда. Даю честное слово!

— Подожди, — спохватилась учительница, — надо же с мамой поговорить!

Мама ужасно расстроилась. Это было крушение ее надежд.

— А зачем я тогда купила пианино?!

Это был еще нестарый инструмент, который назывался «Украина», изготовленный в 1939 году на фабрике города Чернигов. У него был приятный звук, но он не держал строй. Достать инструмент в те годы было очень непросто. Их было всего несколько на весь город. Несчастная мама долго искала случай, и вот теперь у нас был инструмент, но на нем было некому играть. Мама заплатила за него непомерную цену и влезла в большие долги. «Украина» стоила дороже «Москвича». Теперь надо было отдавать половину зарплаты каждый месяц в течение трех лет. А продать инструмент было уже нельзя — у него обнаружился дефект. Не держали колки, и их нужно было все время настраивать.

Мне стало жалко маму. Я пообещал, что обязательно научусь играть. И научился. Даже окончил вечернюю музыкальную школу. Оказалось, что я был, что называется, природным слухачом и принадлежал к породе людей, из которых получаются таперы-музыканты, когда-то игравшие в кинотеатрах между сеансами. Я мог с легкостью воспроизвести любую мелодию, сходу наиграть ее на фортепиано и подобрать нехитрый набор аккордов для левой руки. Со временем составился репертуар моих любимых мелодий. Я играл упрощенно и не был в состоянии использовать аранжировки, которыми свободно владеет любой профессионал. Для слушателя аккомпанемент левой руки должен был звучать довольно примитивно. Но это неважно. Потому что я играл для себя. Играя, я слышал не свои простодушные аккорды, а могучую полифонию лучших оркестров, которые звучали из концертных залов моей памяти. И мелодии на самом деле играл вовсе не я, а великие музыканты моего внутреннего мира. Иногда звуки пианино исчезали, и тогда я слышал пение своих прежних кумиров, и чаще всего голос моего незабвенного царя Петра, дяди Володи, Владимира Андреевича Мельникова. «Эх вы, люли. Что уснули? Веселей гляди. Удалые, вороные, гривачи мои», — поет он своим бархатным баритоном и чутко перебирает струны гитары. Как жаль, что, кроме меня, это никто не слышит…

Прошли времена, и уже нет мамы и ее пианино, проданного за бесценок при очередном переезде. Профессиональным музыкантом я не стал. Но где-то внутри, потаенно, я все же чувствовал себя причастным к музыкальному миру. И каждый инструмент, на котором порой при самых случайных обстоятельствах мне доводилось играть, — это то самое пианино 1939 года, подаренное мамой в день, когда я бросил занятия музыкой и дал зарок, что это — навсегда.

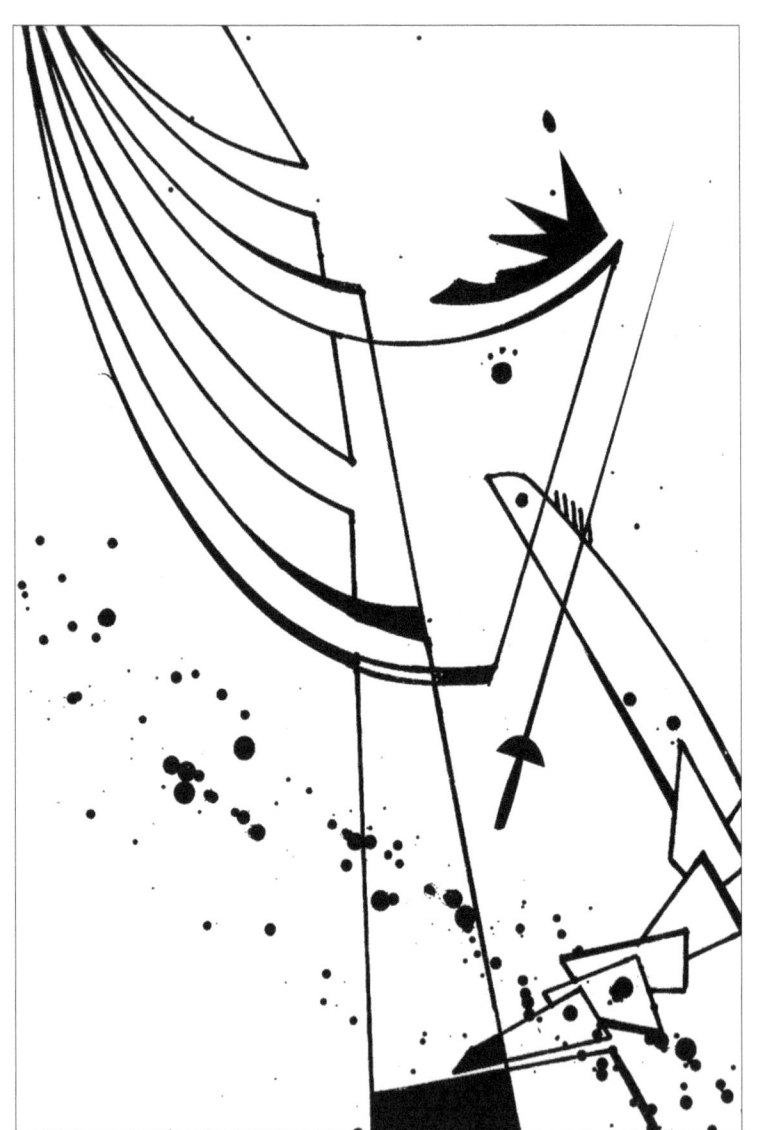

КОСТЮМЧИК

— Посмотри, что я тебе принесла,— сказала мама. Она улыбалась. Мне нравилась мамина улыбка, которая означала, что мама очень довольна.

Она развернула пакет. В нем был бархатный костюм с пиджачком, похожим на наряд тореадора из оперы «Кармен». К нему прилагалась белая рубашка с жабо, украшение, которого я еще никогда не видел. Обнова подошла, будто была специально сшита для меня. Не хватало только шпаги и плаща.

— Вот!— торжествовала мама.— Это испанский карнавальный костюмчик. Ты не представляешь, как мне удалось его заполучить. Целая история! Сотрудник нашего посольства в Мадриде привез костюмчик в Москву племяннику. Но то ли не понравился, то ли не подошел. И, в конце концов, достался дальней родственнице, которая живет в нашем городе и работает в нашей поликлинике. У нее есть сын. Но ему костюмчик оказался мал. Она его продавала дорого. Но какая там цена?! Такую вещь ни за какие деньги не купишь. Костюмчик из Мадрида! Теперь он твой!

Мамины глаза сияли голубизной. Она была счастлива. А я прыгал вокруг нее, изображая матадора, и кричал: «Спасибо, мамочка! Какой хороший костюмчик! Я сейчас заколю быка». И запел: «Тореадор, смелее в бой. Тореадор. Тореадор»...

Потом, когда мама была на кухне, я нашел метелку, которая вместе с совком пряталась в настенном шкафу, разломал и носился по квартире с черенком — пикой, преследуя воображаемого быка. Бык был многократно повержен, воскрешен и повержен снова. Бой продолжался до тех пор, пока я не устал.

— Ладно, — миролюбиво сказал я быку. — Ты тут попасись, поешь травы. А я пойду есть мой корм, котлету с картошкой и баклажанной икрой. Знаешь, как мама готовит? Вот так! — И я поднял вверх оба больших пальца.

Конечно, мне за метелку влетело. Но мама не могла долго сердиться. Ей очень нравился костюмчик. Мы договорились отложить бой быков до новогодней елки. Мне запрещалось его надевать для игр во дворе и вообще носить без маминого разрешения.

— А если ты опять возьмешь меня на работу?

Возникла долгая пауза.

— На работу можно. — Мама задумчиво посмотрела на меня.

Мы оба помнили, что случилась на ее работе зимой. Мама работала в рентген-кабинете поликлиники КМК и иногда брала меня с собой. Я болтался по поликлинике без дела или просто маялся в ее кабинете, ожидая конца рабочего дня. Однажды зимой мы задержались допоздна из-за того, что больному, попавшему в аварию, был нужен срочный рентген. И чтобы добраться домой, маме разрешили ехать на служебной машине.

Было очень холодно и ветрено. Даже в теплой одежде и валенках. Санитарная машина ждала нас у входа. В салоне был полумрак. Неотчетливо виделись контуры людей, которых тоже должны были подвезти домой. Я с помощью мамы забрался в салон и остался сидеть у двери. Мне не хотелось двигаться дальше в молчащую темень, туда, где сидели незнакомцы. Мама заторопилась и, перебравшись через меня, не глядя захлопнула дверь, которая с силой ударила по моей левой руке и защемила пальцы. Полилась кровь, я заорал. Одновременно закричала мама, что-то невнятное, схватила меня на руки и потащила назад в поликлинику. Люди выскочили из машины, подбежали и успели поддержать маму, когда поскользнулась и стала падать. Возле самого входа я оказался на руках у незнакомого человека в тулупе, который и занес меня в большую ярко освещенную комнату. Это был травматологический кабинет. Все расплывалось. От боли меня трясло. На крик не осталось сил, и я замолчал. Сделали уколы, наложили лонгету и повезли делать снимки.

В рентген-кабинете сидела мама, обхватив голову руками, и рыдала. Увидев меня, вытерла слезы, подошла и сказала:

— Прости, я не хотела.

— Мне не больно, — соврал я, двинул рукой и вскрикнул от пронзающей боли.

Сделали рентген. Он показал оскольчатый перелом третьего и четвертого пальцев левой руки. Наложили гипс, с которым я ходил целую вечность. Но в конце концов боль и отек исчезли, а переломы срослись. Я двигал пальцами, как хотел. К лету все это забылось, ушло куда-то далеко, и страх перед поликлиникой пропал.

Теперь все мои мысли были о костюмчике. Мне надо было где-то биться с быком. И мамина работа была единственной подходящей ареной.

Скоро подвернулся и случай. Мне полагались какие-то анализы или прививки. И вот, теплым и солнечным утром, я надел свой костюмчик, взял пику-черенок метлы и в сопровождении мамы на трамвае отправился в поликлинику. Мы сдали анализы, мама пошла работать, разрешив мне ненадолго остаться на заднем дворе и там поиграть.

Вскоре ко мне подошел мальчишка и, приветливо улыбаясь, спросил, не хочу ли я поиграть вместе. Он был немного старше.

— Давай! А как тебя зовут?

— Васька. А тебя?

— Боря. А во что будем играть?

— В прятки.

— Хорошо! Кто прячется?

— Могу я. Или ты. Как хочешь.

— Давай по-честному, чтобы никому не было обидно. Я считаю: «Вышел месяц из тумана. Вынул ножик из кармана...»

— Все равно тебе водить. — Перебил он, не дав закончить считалку до конца. — Только время теряем.

Начали играть, меняясь местами. Я находил его чаще и был доволен собой. Но подпекало солнце и становилось жарко.

— Чего ты паришься? — спросил Васька. — Сними куртку. Жарко.

Я колебался. Но пиджачок все же снял. И сразу стало легче. По телу пробежал легкий ветерок. Я стал искать, куда его можно положить.

— Хорошая у тебя курточка. — Васька взял пиджачок в руки и надел на себя. Пиджачок оказался ему впору.

— Это не куртка. Это наряд испанского пикадора, — гордо сообщил я. — Для боя быков! Ты его сними. Он мой.

— Да пожалуйста. Бери свою куртку. Мне-то она на что? Положи на скамейку и пусть лежит.

И я положил. Настал мой черед искать. Я закрыл глаза и честно досчитал до десяти. А потом стал искать товарища по игре. Но найти никак не мог. Он исчез. «Странно. Куда, интересно, он мог пропасть? Здесь и прятаться особенно негде. Несколько кустов и деревьев. Может, он там, за углом?» Но и за углом его не было.

Я пошел назад в здание поликлиники. И когда открывал дверь, вспомнил о пиджачке. Посмотрел на скамейку, которая была совсем рядом. Пропал мой пиджачок. Его утащил Васька. Я побегал вокруг, потом сел на скамейку и стал ждать. Ждал долго. Все надеялся, что Ваське станет стыдно и он вернется. Но он не пришел. Стало обидно, и я заплакал. Но слезы не помогали. Тогда я побежал к маме и стал жаловаться на Ваську, какой он нечестный человек. Мама сильно расстроилась. Но на меня не кричала, не ругалась. Просто качала головой.

— Васька, конечно, мерзавец и вор. У него, наверное, и настоящее имя другое. Но ты такой наивный. Разве можно всем верить?..

Мама, конечно, была права. Всем верить нельзя. Тогда кому можно? Речь шла не только о доверии к одному человеку, Ваське. Я стал задаваться вопросом о вере в человечество. Мысли гуляли в разных направлениях. Я очаровывался, а потом разочаровывался в тех, кого встречал на своем пути, делал неверные шаги, зигзаги и совершал множество ошибок, набираясь ума-разума. Но окончательный ответ на этот сложный вопрос оказался прост: в нашем циничном мире без веры в добро просто пропадешь.

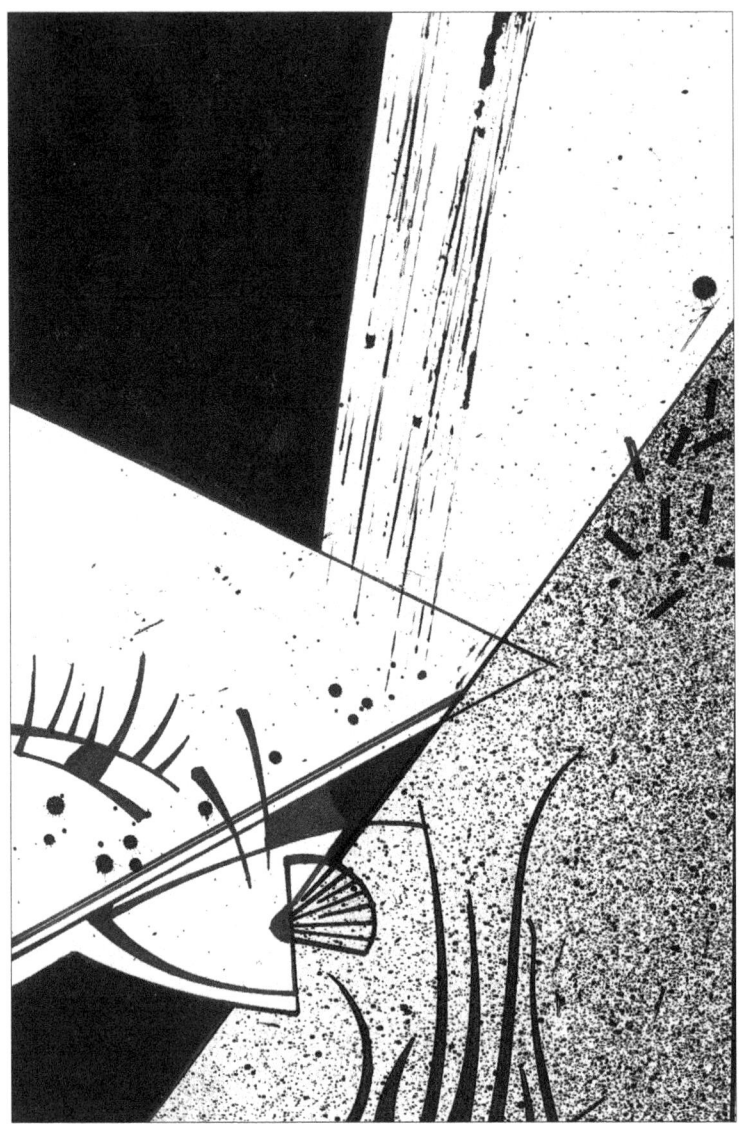

БОРОДИНО

— Пакет для Фельдмаршала от его сиятельства князя Багратиона.
Посыльный на взмыленной лошади ожидал ответ от адъютанта.

Адъютант сидел на ступеньках усадьбы и пил чай. Он несколько секунд сосал кусочек сахара, потом сделал большой глоток и нехотя ответил:

— Фельдмаршал изволит почивать. Беспокоить не велено.

— Буди, шакал! Нехрен ему днем спать. У меня дело неотложное. Буди, а то зарублю!

Гонец положил руку на рукоятку сабли. Адъютант потянулся к пистолету, взял его в правую руку и взвел курок.

— Тебе че, козел, надо? Сказано, они спят и будить не велено. Оглох, что ли?

— Да вы все с ума посходили! Французы на Москву прут, а вы здесь чаи распиваете...

Мой друг Витя В. разыгрывал спектакль одного актера, меняя голос, когда переходил от одной роли к другой. Я слушал с открытым ртом и верил его каждому слову. Мне иногда казалось, что Витя лично участвовал в Великой Отечественной войне 1812 года. Он был на два года старше и куда умней, читал книги и знал историю не хуже академика Тарле. А я читать еще не умел и все, что знал, было почерпнуто из книги «Земля и Небо», которую на ночь мне читала мама. А там про Бородино было только несколько строчек. Говорилось, что пришел Наполеон, Кутузов разбил его под Бородином, а потом заманил в Москву и спалил весь город к чертовой матери. А Витя знал все детали. Про Кутузова, де Толли, Багратиона, Дениса Давыдова, партизан, наполеоновских маршалов и миллион других интересных вещей. Потом я научился читать, но Витя еще долго оставался моим наставником. Я его бесконечно уважал. С ним было куда интересней, чем с учителем в школе.

Он разыгрывал целые спектакли. А потом мы собирали из деревянных деталей строительного конструктора всякие укрепления, строили редуты и крепости, расставляли артиллерию и готовили армии к бою. У нас были солдаты разных времен — от Рима и до наших дней. У нас даже были самолеты и танки. Все, что хранилось в большой картонной коробке, расставлялось на полу и делилось примерно пополам. Пополам, да не совсем. Все танки и самолеты мы отдавали «нашим». А Наполеон, Гитлер и все их маршалы и фельдмаршалы сосали лапу, как голодный медведь.

Мы с Витей были соседями, и он приходил ко мне играть в войну почти каждый день. Мы защищали Сталинград от фашистов и брали Берлин, громили Наполеона под Аустерлицем, Ваграмом и даже возле египетских пирамид. И не было случая, чтобы «наших» кто-нибудь побеждал. Витя как верховный главнокомандующий за этим следил. И мы добавляли резервы, когда погибало слишком много наших солдат. А врагу резервов не полагалось, и они опять сосали лапу.

Не все мне нравилось в этой игре. В картонном ящике с игрушками водились рыжие тараканы-прусаки. Мама травила их каким-то белым порошком, и многие дохли. И потом их трупики валялись между блоками конструктора и среди оловянных солдатиков, самолетов и танков. А иногда мы находили этих тараканов и в шахматной доске. Но хуже всего, некоторые выживали и нахально ползали на поле боя, мешая сосредоточится на игре.

Я тараканами брезговал и просто не переносил. А Витя ничего. Он их даже держал в руках. И я его всегда просил вынимать игрушки из этой чертовой коробки конструктора. Он соглашался, но время от времени откалывал шутки, от которых меня тошнило и вставали волосы дыбом. Например, он делал вид, что берет тараканов в рот, и делал это так искусно, что мне хотелось бежать в туалет и рвать. Он чувствовал момент и останавливался вовремя. А то нашей дружбе давно бы пришел конец.

В какой-то момент мама все-таки смогла тараканов вывести. И играть стало в сто раз интереснее. Играли мы на полу кухни, отодвигая круглый обеденный стол в угол или к самому окну. На расстановку армий тратилось много времени и сил. Но это стоило того, потому что потом можно было играть до самого конца времени, отведенного для этого нашими родителями. Витя уходил домой, а я ждал следующего сеанса игры.

Все шло хорошо, но, в конце концов, игра в войну нам стала надоедать. Точно не помню, когда она прекратилась совсем и когда мы окончательно перешли на шахматы. Но помню, что это была прощальная Бородинская битва. Мы построили армии одну против другой и расставили орудия, которыми служили продольные деревянные плашки конструктора, направленные под углом на позиции врага. Снарядами были шашки. Мы сильным щелчком посылали их в полет. Они летели и врезались в крепости и редуты, разрушая все на своем пути. За каких-то десять минут на поле не осталось ни одного живого места, ни одного живого бойца. В руинах укреплений лежали пехотинцы, кавалеристы и их лошади, перевёрнутые танки и самолеты. Среди погибших лежали трупики нескольких дохлых тараканов лапками вверх, что усиливало драматизм этой страшной битвы. Все было кончено. Наступила тишина.

— Ну и кто победил? — спрашивал я.

— На этот раз боевая ничья, — растерянно отвечал Витя, озирая опустевшее поле боя. — Много потерь с обеих сторон. Но потом «наши» перебьют французов и захватят Париж. Об этом написал Тарле.

На этот раз он меня не убедил. Зачем нам нужен Париж, когда все убиты?

После окончания сражения под Бородином и Наполеон, и Кутузов объявили о своей победе. И оба признали, что это была самое кровавое сражение в их жизни. Общие потери с обеих сторон составили не менее 50 тысяч ранеными и убитыми. А всего наполеоновские войны в Европе унесли жизни пяти миллионов человек. Французы захватили Москву, а русские — Париж. Победители торжествовали, погибшие ушли в небытие, как будто их и не было на свете.

В войнах XX века уже погибли десятки миллионов человек.

А что будет потом? Не выживет никто, как это было в нашей детской игре?

Игры многому учат. Но мы забываем эти уроки, когда взрослеем. И потом идем на войну во славу вождей, во славу империй, во имя нового порядка и новых границ. Гип-гип-ура! А кто от этого становится счастливей?

ЦУГЦВАНГ

Играть в шахматы меня научил Витя В, когда нам наскучили оловянные солдатики. Вначале он объяснил, как ходят фигуры и как их расставляют на доске, а потом как ставить мат. На это ушла пара месяцев, потому что я был неусидчив и постоянно отвлекался. Но его терпение было безгранично.

Расставлять фигуры на доске я страшно любил. При этом стремился к разнообразию. То кони занимали места ладей, то слоны переходили на вторую линию, оттесняя пешки. Получались красивые построения, которые радовали глаз, но не отвечали правилам. Я не мог понять, почему фигуры должны стоять в строго определенном порядке, именно так, а не иначе. Но Витя нашел способ решения проблемы. Он объяснил, что наши и Наполеон строили свои войска в каре, и порядок построения был неизменен.

— Но наше каре было лучше. Потому что Наполеон проиграл, а мы победили. Да?

— Конечно, лучше. А знаешь почему? Потому, что он вдруг стал все менять. А наши соблюдали дисциплину. Впереди были солдаты, а за ними король и вся его свита. Причем белая клетка всегда находилась на правом углу доски для белых, а Королева стояла на первой линии в центре на клетке своего цвета. Вот так он обходил на флангах мои «почему», и просачивался в сознание. И до меня стало доходить.

Наконец, приступили к игре. Примерно с месяц я проигрывал в три хода. Витя ставил «детский» мат, при этом давая фору в две ладьи. Но постепенно я стал понимать смысл ходов, простых ловушек и связок. Процесс, что называется, пошел. Через полгода я все еще проигрывал, но Витя уже не давал форы, думал над своими ходами

дольше, и мы боролись до самого эндшпиля. И вот наступил день, где в равной позиции он «зевнул» коня и проиграл. А к концу года чаша весов склонилась в мою пользу. И чтобы его подразнить, фору уже стал предлагать я.

— Ну, это свинство! Выигрывать у учителя — большой грех. Спроси у бабушки Устиньи. Она богу молится. И про грехи все знает.

Устинья была бабушкой Коли Ч, нашего с Витей приятеля с 4-го этажа, который иногда приходил посмотреть на шахматные битвы, но сам никогда не играл. Она была верующей. Над кухонном столом их квартиры висел большой иконостас с ликом Христа и Апостолов. Под иконостасом горела лампада, от которой пахло особым, незнакомым запахом. Я видел бабушку Устинью мельком, когда заходил к Коле. Она молилась. Все это было необычно и загадочно. Божьих храмов я никогда не посещал. Люди избегали говорить о боге. Это потом, в девяностые, все обзавелись крестиками и сразу обратились в верующих. А тогда за религию можно было пострадать.

Вид молящейся Устиньи завораживал, тревожил, и мне казалось, что она пришелец с другой планеты. А запах лампады был действительно «опиумом», потому что за ним скрывалась какая-то тайна.

Ссылаясь на бабушку Устинью, Витя отвлекал мое внимание от доски. Я начинал «зевать», и тогда, несмотря на большое преимущество, вдребезги проигрывал игру.

— Ну вот! — торжествовал он. — Я тебя еще многому могу научить. Запомни, шахматы не любят, когда игрок отвлекается.

— Ну так ты же сам меня отвлек! — возмущался я.

— Специально, чтобы ты понял, что отвлекаться нельзя.

Коля, наблюдавший за ходом игры, только качал головой. Наверно, сочувствовал. Он, как и его бабушка, верил в Бога и справедливость.

В один из летних дней, когда на улицу тянет магнитом и никак не сидится дома, мы пошли играть в шахматы во двор. Заняли столик со скамейками возле подъезда, за которым обычно сидели доминошники, но который на нашу удачу оказался пуст. Расставили фигуры, и игра началась. Витя играл белыми и имел позиционный перевес, захватив центр. Коля сидел рядом и, как всегда, молча наблюдал.

Вскоре появился зритель, жилец из другого подъезда, пожилой, солидный, полысевший мужчина в очках. На нем была пижама и домашние тапочки. По-видимому, он считал двор продолжением своей квартиры. Мужчина курил. А поскольку не было ветра, вокруг моей головы образовалось облако дыма и стало щипать глаза. Пачку «Беломора» и коробок спичек он пристроил на стол рядом с шахматной доской.

Признаюсь, что не отвлекаться от шахматной доски я так и не научился. И пока приноравливался к дыму, пачке папирос и спичек на столе, которые упорно притягивали взгляд, партия была проиграна вдребезги.

— Играем на победителя,— объявил человек в пижаме, сел рядом со мной, навалившись боком, и я был вынужден встать и уступить ему место. Развернув доску, он стал расставлять белые фигуры на доске, хотя по правилам надо было сначала бросить жребий. Ведь за белыми первый ход, а значит, они имеют преимущество. Витя пожал плечами и стал расставлять черные фигуры. Я лично играть черными не любил, но по другой причине. У одного из черных коней была откусана морда, что меня раздражало и отвлекало. Я старался этого коня скорее разменять и часто делал это без всякой нужды и выгоды. В таких случаях игра заканчивалась не в мою пользу.

Мужчина в пижаме играл явно сильнее. Очень скоро Витя остался без ладьи, и примерно к 15 ходу его положение стало безнадежным.

— Ну, теперь ты!— скомандовал человек в пижаме, обращаясь ко мне.

— А как вас зовут?— спросил я.

— Зови Федор Иванычем,— ответил он, даже не поинтересовавшись, как зовут нас, и снова расставил для себя белые фигуры.

Я очень старался выиграть. Даже когда нужно было соглашаться на ничью. В итоге попал в цугцванг, позицию, где мой бедный черный король был вынужден отступать на самые невыгодные поля. С каждым ходом положение становилось все хуже. И в итоге я проиграл.

— Теперь ты! — снова скомандовал человек в пижаме.

Витя послушно сел за стол, и, играя черными, снова проиграл. По какой-то непонятной причине мы подчинялись командам человека в пижаме, и он имел над нами полную власть. Наше унижение продолжалось бы еще долго. Если бы не Коля.

— Федор Иванович, можно я сыграю? — внезапно попросил он.

— А ты умеешь?

— Немножко.

— Ну, сыграй, коль не шутишь.

Расставили фигуры, человек в пижаме — опять белые, Коля — черные. Мы с Витей впились глазами в доску. На нашей памяти Коля играл в первый раз. Он делал странные, незнакомые нам ходы. На четвертом пожертвовал слона, а на восьмом поставил мат. Человек в пижаме почесал свою лысую голову, протер пижамой очки, потом вспотевшие руки носовым платком. И, наконец, с вызовом в голосе потребовал: «Реванш!».

Но реванш не состоялся. Коля выиграл партию на 12 ходу, оставив противника без ферзя. Человек в пижаме начал злиться: «Еще!»

Третья партия продлилась на 3 хода дольше, но окончилась с тем же результатом. Мужчина в пижаме вновь потребовал реванш. Его лицо сделалось злым, покраснело, с лысины капал пот, он тяжело дышал.

— Извините, Федор Иванович, меня ждет бабушка, мне нужно идти, — спокойно сказал Коля и исчез в подъезде.

Мы с Витей быстро сгребли фигуры в коробку и последовали за ним. А человек в пижаме продолжал сидеть, глядя прямо перед собой. На него нашел ступор. Наверное, он не мог примириться с тем, что произошло. Переводя с русского на русский, его только что оставил в дураках какой-то малолетка. Шахматы — умственная игра, и побеждает тот, кто играет умнее. Значит…

Через пару дней, как обычно, мы с Витей собрались в нашей квартире и с нетерпением ожидали появления Коли, обмениваясь впечатлениями от его игры. А когда он появился, устроили триумфальный прием.
— Ну, ты дал! Вот это класс! — восторг вылился наружу. — Где ты научился так играть?!
Коля коротко улыбнулся:
— Да нигде. У меня и шахмат нет.
— Как нет?! — мы уставились на него в полном изумлении. — А как же ты играешь?!
— А я не играю. Вернее, читаю шахматную книгу и играю про себя. В уме.
— Как это?! Разве так можно?
— Конечно. Я думаю, многие так могут.
Мы с Витей не могли. Уступая настойчивым просьбам, Коля сыграл партию со мной, не глядя на доску, вслепую, и легко обыграл. Но похоже, это его не порадовало.
— Не обижайся. Я не хотел.
— А я и не обижаюсь. Ты играешь сильнее. Все справедливо.
— Нет, несправедливо. Вот Федор Иванович обиделся. А зачем это нужно?
— Но ведь это игра…
— Тем более. Вот ты, Борь, там во дворе попал в цугцванг, и Федор Иванович вынудил тебя делать ходы, которые ты делать не хотел. Тебе разве было не обидно? Конечно, было. Вот я поэтому ни с кем и не играю. Обижать без причины не по-божески.

Ни я, ни Витя с ним не были согласны. Но он и не пытался никого и ни в чем убеждать. Просто никогда больше с нами не играл. Приходил, сидел, смотрел на игру и молчал. А меня мучил вопрос, который я в конце концов и задал.

— Тебе, должно быть, скучно смотреть. Ведь мы играем слабее тебя, так?

— Может быть, и слабее. Но не в этом дело. Я просто не хочу быть один.

Коля был особенный, и в нашем безбожном мире ему жилось нелегко.

Конечно, тогда, в возрасте 9 лет, я не все понимал. Но позже Колина проекция цугцванга в жизнь показалась убедительной и ясной. Когда ты попадаешь в цугцванг, если что-то заставляет тебя поступать против воли и желания, остановись, подумай и откажись. В чем-то, конечно, проиграешь. Но выиграешь в главном. Будешь сам выбирать и идти своим путем.

Хотя с Колей общались мы мало, он, так же, как и Витя В, стал моим учителем. И они оба продолжают идти рядом со мной всю жизнь.

ШКОЛА

7 лет — особый возраст. Происходит «парашютный прыжок» из защищенного, изолированного семейного пространства в неизведанный мир реальной жизни. К такому прыжку подготовиться нельзя. Все происходит неожиданно, с пугающей быстротой. И возврата к прежнему безмятежному существованию нет.

Я догадывался о необратимости перемен и идти в школу не хотел. Точнее, я был согласен пойти один разок. Было любопытно посмотреть. Посмотреть, и быстро вернуться в привычный мир моих преданных оловянных солдатиков, любимых сказок и оперных пластинок.

Но начались соблазны. Мама и я совершили вылазку в универмаг на проспекте Металлургов, отстояли длиннющую очередь и купили ранец, две ручки с десятью запасными перышками, новые цветные и простые карандаши, чернильницу из зеленого бутылочного стекла в матерчатом мешочке, рисовальный альбом, линейку, коробочку для ручек и карандашей под названием пенал, розовую и голубую оберточную бумагу, свернутую в длинные трубочки, и разноцветную мягкую бумагу в квадратных пакетиках для каких-то аппликаций. Потом мы отстояли другую длиннющую очередь в отделе одежды и купили школьную форму, темно-синий костюмчик «на вырост», потому что, как сказала мама, я вырос на размер за год, и он скоро будет мал. Я радовался, что быстро расту, и на людях держался прямо, а в магазине стоял на цыпочках, чтобы быть еще выше.

Домой мы возвращались с множеством свертков. Я гордо нес пакет с костюмчиком и рисовальный альбом, оглядываясь на прохожих: не завидуют ли они такому богатству. Мне казалось, завидовали. Но не подавали виду. Такой уймы вещей у меня никогда не было. И перспектива школы уже не казалась такой мрачной.

Целый день ушел на изучение покупок. Мне нравился ранец, точь-в-точь как ранец солдата на картинке из любимой мной сказки «Огниво». На другой день мама принесла «Букварь», тетрадки и книжку прописи, где каждая страница начиналась с заглавной и маленькой буквы от А и до Я.

Пока мама на кухне готовила корм, я делал бумажные самолетики, вырывая страницы из прописи и подрисовывая звезды на крыльях. Самолетики долетали до стенки, шли на таран и там падали. А некоторые делали разворот и плавно приземлялись на пол. Я увлекся и так дошел до страницы с буквой Ж. Мама мою игру не одобрила и расстроилась. Оказывается, пропись выдавали в школе по одной на каждого ученика, а второй не полагалось, о чем она рассказала на кухне, пока я ужинал. Я дал честное благородное слово не трогать школьные предметы до 1 сентября, а потом терпеливо переносил подгонку школьного костюмчика под мой рост и примерку новых ботинок.

И вот наступило 1 сентября. Я проснулся рано и первым делом надел школьную форму, новые ботинки, а потом пошёл чистить зубы, испачкав пиджачок зубным порошком. Я смыл пятна водой и потом целое утро ходил в мокром пиджачке и рубашке.

Возле школы толпилось множество народу. Все двигалось и шумело. Нас с мамой носило из одного места в другое. В конце концов я оказался в группе пацанов и девчонок в самом центре школьной площадки. А мама куда-то исчезла. Мальчишки были в одинаковых костюмчиках, как у меня. А девчонки — в узорных передниках на коричневых платьях и с большими бантами в косах. Одна, полненькая, с самыми большими бантами, мне страшно понравилась. У нее были пухлые, румяные щеки с ямочками, а в руках букет георгинов. Я пошел знакомиться. Но не успел. Нас построили в линейку. Мальчишек отдельно, девчонок отдельно. И перед строем стояли взрослые. Они говорили речи в микрофон. А мы смотрели по сторонам. Я — на девчонку с большими бантами.

Потом мы вошли в здание школы и оказались в комнате, заставленной столами. Они назывались «парты». За каждой усаживали по два человека. Мне повезло. Девчонка с большими бантами сидела прямо передо мной. Банты можно было достать и даже подергать руками. Ее звали Оля К. За столом возле доски, лицом к нам сидела учительница, Галина Петровна. Она была большая, строгая и серьезная тетя. Но говорила тихо. Так что я ее еле слышал. Вначале она зачитала список учеников. И каждый названый ученик вставал и говорил «Я».

Мое внимание привлек Ваня Ж, походивший на молодого Пушкина: кудрявый, смуглый и очень подвижный. Ваня не сидел на месте, а все время стоял. Пока Галина Петровна не упросила его сесть. Но через несколько минут Ваня стоял опять. И так продолжалось до самой перемены. Потом на всех уроках через каждые пять минут Галина Петровна уже привычно повторяла: «Ж, сядь». А иногда, то в одиночку, то группой, то целым классом мы тоже просили Ваню сесть. Но сидеть он почему-то никак не мог. А еще из всего класса выделялся мальчик по имени Игорь Б. Когда назвали его имя, Игорь молча встал и тут же сел. На вопросы учителя он не отвечал. Просто молча сидел и о чем-то думал, пока не зазвенел звонок.

Увлеченный бантами, я пропустил все остальное, что говорила Галина Петровна мимо ушей. А потом была перемена и следующий урок. На перемене я болтался и маялся без дела. Попробовал поговорить с Игорем, но тот все молчал. А урок оказался страшно скучным. Какие-то глупые разговоры о Букваре. Но в конце дня я решил, что буду ходить в школу из-за Оли, Вани и Игоря. Я расскажу им про свою самую любимую книгу «Земля и Небо», и мы станем друзьями на всю жизнь.

Она содержала все знания мира от самого начала и до самого конца, то есть до нашего времени. Там была история Египта, Вавилона, Греции и Рима, географических и научных открытий, космоса с планетами и звездами, авиации, мореплаванья, биографии Сократа, Леонардо,

Микеланджело, Галилео, Коперника, Джордано Бруно, Дарвина, Менделеева; Александров Невского, Македонского и Пушкина; Маркса, Ленина, Сталина и Левенгука. Словом, все-все. В нашем доме были и другие книги, включая сказки и стихи Пушкина, сказки братьев Грим, Андерсена, Бажова, про первобытных людей Нама и Гава, про героев Гражданской и Великой Отечественной войны, легенды Древней Греции, сказки дедушки Крылова. Был Лермонтов, Фенимор Купер и Джек Лондон. Они все мне страшно нравились, а многие стихи Пушкина помнились наизусть. Трудно сказать, почему, наверное, из-за лени, но я все еще не научился читать. И книги мне читала мама, некоторые по многу раз.

А в школе меня заставляли писать палочки и крючочки. Получалось плохо, криво и грязно из-за клякс. Чернила легко вытекали из ручки, чернильницы-непроливайки и даже из запасной бутылочки. Мне постоянно не хватало промокашек, и я их без возврата одалживал у соседей по партам. Только Оля К. промокашек не давала, жадничала. За это я дергал ее за косы. Она жаловалась учительнице, а та моей маме. Мама отмывала мои руки от чернил, требовала соблюдения дисциплины. Я обещал. Но с исполнением обещаний было не очень. Тогда меня пересадили на заднюю парту, откуда я не мог дотянуться до Оли. Зато с моего нового места, как с трибуны стадиона, был хорошо виден весь класс. А меня не видел никто. Наша учительница все уроки напролет сидела за своим столом и по классу не ходила. И к доске меня вызывала редко.

Поэтому я принадлежал самому себе. Но просто так сидеть и ничего не делать было скучно. И как-то незаметно пришлось втянулся в учебный процесс. Где-то к концу первой четверти я понял, что кляксы получаются от сильного нажима пера, и что чернильница-непроливайка, когда ее переворачиваешь и трясешь, брызжет чернилами, как лейка, которой поливают цветы. Клякс стало меньше, я научился писать прописью не хуже других, на твердую тройку. И, к восторгу мамы, я наконец-то научился читать. Не по слогам, а целыми предложениями. Случилось это в один день. Еще вчера не мог, а сегодня читалось легко и быстро, как будто я это делал всегда. Обнаружился этот дар дома. В большом возбуждении я бросился к полке с книгами, стал открывать их наугад и читать строчки, попавшие на глаза. Томик Лермонтова открылся на «Демоне», который летал над грешною землей. Не очень понимая смысл, я прочитал первую строфу и запомнил на всю жизнь.

Друзей в школе я не завел, не получилось. Игорь Б молчал до самого Нового года. А потом исчез. Его перевели в какую-то специальную школу для молчунов. А в мае исчез и Ваня Ж. Посредине урока арифметики он неожиданно вскочил на парту, вытянул руку вперед и заорал: «Хайль Гитлер!» Потом он выскочил в коридор и, бегая по школе, продолжал кричать «Хайль!» В классе и во всей школе наступил полный паралич, и мы долго приходили в себя. Его, конечно, поймали и куда-то увезли. Одноклассники считали, что он фашист. Но Ванька не был фашистом. Он заболел шизофренией. А я считал его Демоном, печальным духом изгнания и сильно жалел.

Школьная жизнь продолжалась как хроническая болезнь, к которой со временем привыкаешь. Стерпелось. И я уже мог, хотя и с трудом, но досиживать до конца уроков. Так я тянул скучную школьную лямку, уроки делал как попало, получал свои законные тройки, а все настоящее и интересное происходило дома и во дворе.

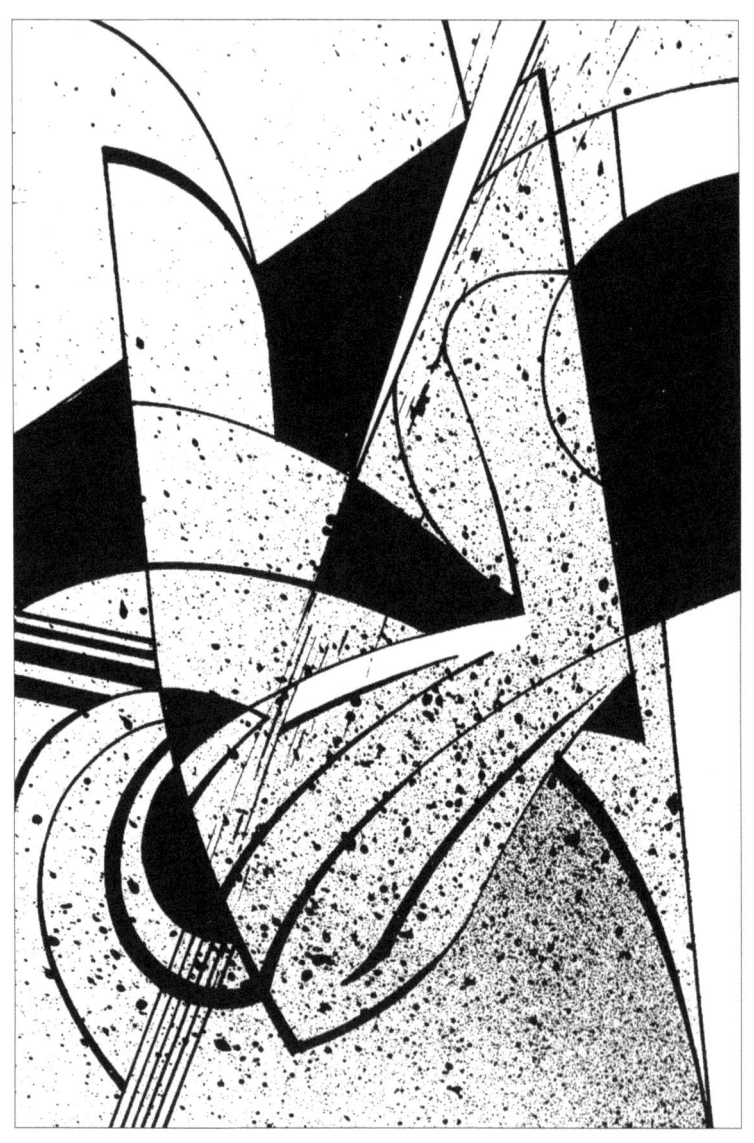

ДУЭЛЬ

Я шел по длинному коридору подвала. Вдоль серого потолка висели толстые трубы, голые, покрытые пятнистой ржавчиной и обернутые в грязно-белую марлю из асбеста, а также трубы поменьше, которые переплетались, уходили в разные стороны и исчезали в темноте. Светила тусклая лампочка. Где-то впереди еще одна. В полумраке различались какие-то ящики, ветошь и еще что-то серое и бесформенное. Слышались капающие звуки воды. Сильно пахло мышами.

За мной шел Сашка. Ступал тихо, но я слышал его шаги. Шаги и стеклянный стук капель. Мы шли стреляться. По-настоящему, как стрелялись на дуэли Пушкин с Дантесом. Только они стрелялись из-за оскорбления, а мы из любопытства.

Стена в конце коридора была мокрой и пахла плесенью. Сюда проникал пучок света из слухового окна, и были видны висевшие в воздухе пылинки. Стало чуть светлее. Сашка сел на перевернутый грубо сколоченный ящик, который скрипнул, покачнулся, но устоял. И тут я увидел в его руках полированную темного цвета шкатулку с медной табличкой. Надписи из-за полутьмы было нельзя прочитать.

— Наградной ТТ. Отца, — с гордостью произнес он. — Настоящий.

И достал пистолет.

— Вот это да! — закричал я в восторге. У меня даже дыхание перехватило.

— Дай подержать!

— Ну, держи. Только, чур, я стреляю первым. Идет?

— Идет, идет, — скороговоркой ответил я, не отводя глаз от пистолета, и взял его в руки. Он был тяжелый, вороненого цвета с коричневыми карболитными накладками по бокам ручки, курком позади ствола и крючком спуска для указательного пальца. — Давай мы его разберем и посмотрим, что внутри.

— Ты че, совсем охренел?! Разберешь, не соберешь! — занервничал Сашка. — Меня за это отец прибьет. А то и посадит. Он у меня прокурор, понял? А внутри только пружина и пули. 8 штук. И больше ничего, понял?

— Понял, — с сожалением ответил я. — Слушай, а как твоего отца зовут?

— Ну Сергей Иванович. А что?

— Получается, что ты Александр Сергеевич! Как Пушкин.

— Ты че, козел? Мы Колесовы! — вдруг обиделся Сашка. — Твоего Пушкина на дуэли шлепнули. Он ни хрена стрелять не умел. Давай, иди к стенке!

— Не пойду!

— Испугался, значит?

— Брезгую. Там плесенью и мышами пахнет. Я буду стоять здесь. А ты отойди маленько.

— Ладно. Здесь, так здесь, один хрен я стреляю первым. Смотри, не обоссысь! — Он хохотнул и пошел отсчитывать шаги. — Раз, два, три... А какой ты нации?

— Какой надо! Тебе-то что?

— Да так, просто. Ты на русского непохож. Но мне один х*р, я стреляю первым. Как договаривались. Четыре, пять, шесть... Слышь, а ты в бога веришь?

— Верю не верю... Тебе какая разница? Лучше шаги считай. И имей в виду, я Пушкина люблю. Ты хоть и Александр Сергеевич, но как Дантес. А я как Пушкин, понял?

— Да хрен с ним, с твоим Пушкиным! Любишь, так люби. Но ты, это, Дантесом не обзывайся. Я тебе не француз какой-то и не еврей. Я русский! Семь, восемь, девять, десять... Хватит?

— Хватит. А как из него стрелять?

— Запросто. Курок тянешь вниз до щелчка и нажимаешь на спуск. А больше ничего не трогай. Понял?

— Понял. А ты когда-нибудь стрелял?
— А то! Меня отец в служебный тир берет. С десяти-то шагов я из ста девяносто выбиваю. Легко. Ладно, хорош болтать. Я стреляю.

...Что-то грохнуло, противно просвистело над головой, звякнула труба сзади, звякнула труба там, где стоял Сашка, и я оглох на оба уха. Стало страшно. Пришла дикая мысль: это пуля! Наверно, она попала мне в голову. Но голова не болела. Просто сильно звенело в ушах. Страх рассеялся. Но наступила слабость, и я сел на пол. Подошел Сашка и что-то сказал. Я не расслышал.
Тогда он стал меня трясти и закричал:
— Эй! Борька! Ты че молчишь? Я же промахнулся! Она рикошетом мимо меня прошла! Чуть не зацепила!
Звон в ушах стал стихать. И тогда я разозлился.
— Ты, Сашка, — с*ка. Ты самый настоящий Дантес. Давай пистолет! Моя очередь! Я тебе покажу, как Пушкину в голову стрелять!
— Да ты че?! При чем здесь Пушкин? Я стрелял, как договорились. Ведь так?
— Так, так! Давай пистолет. — Я выдернул пистолет из Сашкиных рук. И странно, гнев тотчас прошел. Мне расхотелось стрелять. Но надо было держать марку. И я сказал. — Отойди на десять шагов.
Сашка стал пятиться, споткнулся и упал. Потом медленно встал и, понурив голову, стал удаляться. Отошел шагов на двадцать. Остановился, повернулся ко мне. Его лица не было видно. И я подумал: «Он прячется». Значит, боится!
— Не бойся, я стрелять не буду. Ты мне лучше гильзу от патрона дай. Она мне пригодится.
— А я и не боюсь. Русские никого не боятся.
— Ты, Сашка, не русский. Ты Дантес. Ты Пушкина не любишь.
— Опять он про Пушкина! На кой х*р он тебе сдался? Знал бы, что ты такой козел, не взял бы тебя на дуэль...

Ладно, забирай гильзу и будем квиты. И больше я с тобой не играю, понял?

Сашка положил пистолет в шкатулку и стал удаляться. Уже издалека я снова услышал его голос.

— Эй, Борька, ты про это никому не говори, ладно?! А то мне от отца влетит. Он у меня Прокурор!

— Не бойся, не расскажу! — крикнул я в темноту. И стал искать гильзу.

Искал долго. Но так и не нашел. «Ну и черт с ней, с гильзой! — думал я, — У меня их и так было много. Недавно мы с пацанами притащили кучу военных вещей с отвала КМК, куда добрались «зайцами» на трамвае. Съездили удачно. И от кондукторов сбежали, и ВОХР за нами не гонялся, и мама ни о чем не узнала. А ведь был случай, когда один из наших сорвался с подножки и угодил под колесо. И ему отрезало ногу. На этот раз всем повезло! Мне лично достались гильзы от нашей винтовки Мосина и немецкого автомата Шмайссер. Наши гильзы были больше. Поэтому немцы и проиграли войну».

На другой день я и Сашка вместе с пацанами из нашего двора, как ни в чем не бывало, играли во дворе. В войну. Взрывались карбидные бомбы, земля и осколки стеклянных бутылок взметались вверх и разлетались в стороны, как от взрыва настоящих снарядов. Мы кричали «ура» и ходили в штыковые атаки. У некоторых бойцов были каски, винтовки и автоматы, те самые которые мы утащили с заводской свалки. Ржавые, искореженные, но настоящие. Никто не хотел быть фашистом. И поэтому воевали «наши» против «наших». И «наши» всегда побеждали.

Это была любимейшая игра детей, рожденных вскоре после окончания Великой Отечественной. А вот на дуэли стрелялись только я и Сашка, а также Пушкин и Дантес.

ЗУБЫ

Зимой 1959 года мы переехали из Новокузнецка в Кемерово, но улица осталась та же, имени Серго Орджоникидзе. Так же назывались и школы в обоих городах. И было такое ощущение, что Серго Орджоникидзе — родственник, член нашей семьи. Мы обосновались в 2-комнатной квартире нового пятиэтажного дома на 4 этаже. Там уже некоторое время жил отец.

Дом был желтый, веселый изнутри и снаружи, только немножечко шумный: можно было слышать разговоры соседей в квартирах над и под нами. Как сказала мама с некоторым сожалением в голосе, его строили не немецкие пленные, а какой-то стройтрест, и кто-то забыл положить звукоизолирующую прокладку. Но мне лично это не мешало, а наоборот, нравилось. Было страшно интересно слушать, как живут разные люди.

Мы только что переехали. И мама разрешила мне погулять.

— Смотри, недолго. Придет папа, поужинаем и сразу в постель. Завтра рано вставать. Поведу тебя в новую школу.

Мысль о школе вызывала уныние. Я молча оделся во все теплое, нахлобучил кроличью шапку, и настроение поправилось. Шапка была такой мягкой и приятной на ощупь, так что ее все время хотелось гладить.

Я вышел из подъезда и стал смотреть по сторонам, поглаживая опущенные уши шапки. Стояла нехолодная зима. Или я был просто тепло одет, и шапка, варежки и валенки грели. С дороги сгребли снег, но осталась наледь. Прохожие поскальзывались, и некоторые падали. Один, в кирзовых сапогах, упал на колени, с него слетела шапка, и он долго вставал разъезжающимися ногами

и возмущался, что дорогу не убирают как надо и не сыплют песок и соль.

— Пошли они все н...й! Опять лед не посыпали! Кто-нибудь убьется н...й, а им все п...ю! — возбужденно выкрикивал он, как бы обращаясь ко мне. А я что мог поделать? Я был ни при чём. — Че смотришь? Весело? Да пошел ты н...й. — Уже спокойнее произнес прохожий, махнул на меня рукой, пошел дальше и опять упал. Он использовал одно и то же матерное слово из трех букв как существительное, прилагательное, глагол и местоимение, склоняя его по падежам. Слушать его однообразную, монотонную речь было неинтересно и учиться у него было нечему.

Наш веселый желтый дом № 2А соединялся с другим, более старым домом № 4 из темно-коричневого кирпича, возле которого бегали пацаны в валенках с деревянными клюшками и гоняли шайбу. Я первый раз в жизни увидел хоккей живьем. Игра шла в одни ворота, обозначенные кусками сколотого с асфальта льда. Там, где его скололи, была колдобина с просвечивающей поверхностью асфальта. На ней пацаны спотыкались и падали. Но в азарте игры никто на это не обращал внимания.

Я подошел поближе. Их было человек семь-восемь, старшие школьники, на голову или две выше меня. Все гнали шайбу в сторону ворот и все этому мешали. А я не мог понять, в чем смысл этой игры.

— Эй! — неожиданно окликнул меня один из них. — На воротах постоять хочешь?

Игра приостановилась. И теперь все смотрели на меня.

— Хочу. Но я не знаю, как играть.

— А че здесь знать? Лови шайбу и все.

— У меня клюшки нет.

— На хрена тебе клюшка? Лови руками.

— Ладно. А кто против кого?

— Вот, нас трое, а их четверо. А ты лови шайбу, кто бы ни бросил. Ты против всех! Понял?

— Понял, — чтобы не показаться дураком, сказал я. — Буду ловить.

Какое-то время игроки боролись за шайбу, усердно толкая друг друга. Я был ни при делах. И стал отвлекаться и смотреть по сторонам. А не наблюдает ли кто-то, как я героически защищаю ворота? И вдруг, как в замедленном кино, увидел полет шайбы. Она летела прямо на меня, в мое лицо. Я вытянул руку, пытаясь ее поймать. Но было поздно. Шайба попала мне прямо в рот. Из разбитых губ хлынула кровь. Стало нестерпимо больно. Я стал захлебываться кровью и слюной. Во рту была горячая каша. Я выплюнул ее вместе с зубами, и более не в состоянии терпеть боль, заорал: «Мама!!»

Я стоял и орал, зажимая рот варежкой, а вокруг не было никого. Пацаны разбежались. Появились взрослые. И среди них мама. Она была в домашнем халатике и тапочках. У нее было белое лицо, а в глазах ужас. Она схватила меня в охапку и потащила домой.

— Мама, — прошепелявил я тихо, — неужели я буду уродом? Отпусти меня, мама. Я тяжелый. Я сам пойду.

У нее дрожал подбородок. В глазах появились слезы.

— Не плачь, сыночек. Все будет хорошо, — глухо сказала она. — У тебя были молочные зубы. Они и так шатались. Скоро вырастут новые. И губы заживут. И все будет хорошо. Ты только держись.

Мы добрались до нашей квартиры, а позади на лестнице тянулась дорожка крови. Мама протерла мое лицо мокрым полотенцем. Я прикусил его уголок, и, не открывая рот, тихо выл как собака. Это помогало держаться. А потом приехала «скорая», и нас увезли в травмпункт.

— Ну что, кормилец, случилось? — как мне показалось весело спросил дежурный хирург. И поморщился, осматривая мой рот в ярком свете лампы.

— Шайба, — прошепелявил я.

— Эх, кормилец. Ну что же ты... Шайбу нужно не ртом, а руками ловить.

— Так получилось. Не нарочно.

— Да ты не бойся. Мы это дело поправим. У тебя были молочные зубы. Они бы и так выпали. Скоро вырастут новые. И губы заживут. И все будет хорошо. За тобой еще девочки будут бегать.

— Мама тоже так сказала.

— У тебя умная мама. И красивая. Она замужем?

— Замужем, замужем, — отрезала мама. Она сердилась. — Ребенку больно! А вы шутите!

А мне от его шуток становилось спокойнее. Ведь он слово в слово повторил то, что сказала она. Значит, не так все плохо и не так все страшно.

— Жалко, что замужем.

Хирург сделал уколы, и мой рот онемел. Потом он долго удалял корешки и осколки моих молочных зубов. Боль утихала. На меня накатилась усталость, и я уснул.

Отец пришел с работы поздно. Озабоченно взглянул на меня, приобнял, улыбнулся и сказал:

— Хорош гусь. Вот мы и отпраздновали новоселье!

Нет, я не проснулся утром с новыми зубами. Они росли долго, может быть, целый год или два. А пока я ел только суп, картофельное пюре и мякиши хлеба. И не ходил в школу целых две недели. С этим мне крупно повезло.

Мне понравился хирург, которому понравилась моя мама. Лучше быть хирургом, чем стоять на воротах, а потом ходить без зубов, думал я. И потом целый месяц хотел быть врачом. А вот насчет девочек он ошибся. Никакие девочки за мною не бегали. Наоборот, я бегал за ними. Но это потом, когда закончилось детство.

ПЕРИНА

Летом 1962 я был сослан собственной мамой на поруки ее родителям в Омск после неудачного, насквозь троечного и скучного учебного года.

Полтора дня в поезде пролетели незаметно. Мне нравилось смотреть в окно на сибирские пейзажи, просто смотреть и слушать стук колес. Мне нравилось болтаться на станциях во время долгих стоянок и глазеть на разнообразный поток людей. Я докучал попутчикам и проводникам, угощался с их стола вареной картошкой, курицей и солеными грибами. Проводница приносила пирожки с капустой и чай в больших и тяжелых подстаканниках с чернью. Она говорила, что это — от мамы и за все заплачено.

Я гордился дружбой с всемогущей хозяйкой вагона и был бы рад ехать и дальше. Но на Омском вокзале меня встретили дядя Яша и дедушка Иосиф. С проводницей и попутчиками пришлось распрощаться и сойти с поезда. Потом мы ехали на трамвае. Трамвай то тормозил, то разгонялся, издавая страшный скрип, наклоняясь на поворотах и дребезжа стеклами окон. Бедные стекла чудом держались в ржавых рамах с клочками изношенных резиновых прокладок. Мы ехали стоя. Чтобы не упасть, я держал дядю за рукав, а меня за плечо держал дедушка. И мы улыбались друг другу. Они были моя семья, и я их страшно любил.

У бабушки Стаси и деда Иосифа был маленький домик-мазанка с низкими потолками, пристроенный к такому же строению, где проживала семья соседки, тети Ханы. А оно примыкало к третьему, принадлежащему семье Евсея Дворкина. Все три жилища были идентичными близнецами и состояли из сеней и двух комнат: кухни и спальни с примерно одинаковой, небогатой обстановкой. В сенях висели тазы, веники и старые садовые инструменты. Полкухни занимала печка-мазанка с полатями, заставленными разными банками и другими для меня малоинтересными предметами. У стены возле сеней располагался толстый буфет со стеклянными дверцами, где хранилась посуда, мука, сахар и бабушкины пряности.

На середине другой половины стоял квадратный стол, четыре добротно сколоченных табурета, а в полу из толстых деревянных плах, покрытых густым слоем коричневой краски, четко выделялась крышка с тяжёлым чугунным кольцом. Это был вход в подпол, а точнее, погреб. В него вела длинная вертикальная лестница. Погреб был глубокой глиняной ямой, а на дне стояли деревянные стеллажи, уставленные банками с засоленными помидорами и огурцами. Там же хранилось молоко и другие продукты. В него спускались со свечкой. Было темно, холодно, но интересно: в нем водились вкусные вещи и жили громадные жабы.

Кухня вела в спальню. В спальне было три маленьких окна с белыми тюлевыми занавесками, из-за которых в комнате был полумрак. Всегда. Даже в яркий солнечный день. В углу слева от дверей возвышалась большая кровать с периной. Бабушка с ее больной спиной перину очень любила и берегла. В центре стоял стол и пять ничем не примечательных стульев. Комод с посудой занимали все остальное пространство комнаты.

Мой двоюродный брат Борька и я спали на раскладушках. Наша одежда висела на стульях. А чтобы выйти на кухню по нужде, приходилось ступать по раскладушкам. Для нужды предназначалось звонкое цинковое ведро, потому что туалет-скворечник располагался далеко в конце огорода. И ходить туда в темень со свечкой было неуютно и страшно. А вдруг свечка погаснет? Но нас туда не пускали по другой причине. Из-за соседской собаки. Она и так без особой причины страшно выла по ночам и гремела цепью. И никто не желал ее будить по-настоящему.

Наконец, вдоль всех стен спальни стояли всякие склянки с неизвестным содержимым, которые поначалу никакого интереса не вызывали. Своим пытливым глазом я отметил, что они там есть, и всё.

Из трех построек с большим общим двором бабушкин «особняк» был особенным. Он выделялся земельным участком, небольшим, но роскошным цветником, поляной с яблочными деревьями и стройными грядками огорода. Позади дома стоял старый сарай, где жили куры и утки, а по двору гуляли маленькие комочки цыплят и утят.

Сказать по правде, до той поры в своей городской жизни я ничего подобного не видел. Ни живности, ни настоящих яблок, растущих на дереве. Мне было страшно интересно, и процесс познания начался.

Лето было коротким, и надо было торопиться. Сначала мы объели три яблони с еще не созревшими зелеными плодами. И когда нас, страдающих животами, добрейшая бабушка Стася уложила на свою перину и ушла работать в огород, мы, прыгая на кровати и соревнуясь, кто выше прыгнет, выпустили из нее весь пух. Он летал по комнате бураном и метелью и покрывал поземкой весь пол. Это было красиво. Это было монументально. Это походило на Новый год. Но Борька, который уже с ранних лет отличался от меня здравым смыслом, обеспокоился предстоящей расплатой. И мы стали собирать пух и вталкивать его обратно через дыру в наволочке. Собрали много, но он сбился в кучу. И еще совсем недавно пушистая перина превратилась в мятый и жесткий мешок, который не хотел распрямляться. А пух забился под кровать, кучковался по всем углам, вдоль стен и все летал и летал.

Вся красота пропала. Новый год кончился. Начался страх. Нет, ужас. Мы ненавидели пух. Мы его боялись. Я держался за голову и хотел к маме. Борька к маме не хотел. Его мама и моя тетя Хая была ветераном войны, участником Сталинградской битвы, и фокусов не любила. Боялись мы недолго. Мне стало жалко бабушку с ее больной спиной. И пока я ее молча жалел, Борька нашел гениальный выход.

— Мы не виноваты,— убежденно сказал он.— Виновата дыра в перине. Если бы не она, не было бы и пуха. Так?

Конечно, во всем была виновата дыра! Мы бросились в огород, и, перебивая друг друга, во все горло заголосили:

— Бабуля, там дыра в перине! Большая! Там такое! Пух летит! Много пуха! Мы не знаем, что делать, Бабуля!

И вот она пришла. И стояла, молча держась за голову руками, и раскачивалась взад и вперед. Потом из огорода пришел дед Иосиф, который тоже схватился за голову и стал раскачиваться из стороны в сторону, приговаривая: «Не плачь, Стася. Я тебя умоляю! Просушим пух, зашьём дыру. Будет как новая. Не плачь. Я тебя умоляю. Ведь никто не умер. Пусть эти маленькие негодяи будут уже здоровы».

Стася и Иосиф сильно любили внуков. И нам это черное дело сошло с рук. Но наши приключения и их беды только начались.

САХАР

На керогазе закипал чайник, издавая громкий металлический свист. За столом сидели дед Иосиф, мы с Борькой и собирались пить чай. Бабушка Стася расставила граненые стаканы в тяжелых подстаканниках, таких, как в поезде, Новокузнецк — Омск, и ушла в огород. В стаканах чай был вкуснее и ароматнее, чем в обычных чашках. К тому же их было труднее разбить. Проверено на деле: мы случайно роняли стаканы со стола пять раз и хоть бы что! Они были прочнее железа.

Пить чай с дедом было интересно. Это был настоящий театр. Заварной чайник ополаскивался кипятком, ставился вверх дном, и все ждали, когда из него вытекут последние капли воды. Мы с Борькой подгоняли время и требовали ускорить процесс. Но дед был непреклонен. На сушку уходила вечность — целых пять минут. Наконец, дед возвращал чайник верхом вверх, насыпал щедрую кучку чая из стеклянной банки и заливал крутым кипятком. Потом заварной чайник оборачивался полотенцем, и мы опять ждали целых пять минут. Наконец, заварка разливалась по стаканам и доливалось кипятком.

Нам с Борькой было пить горячо, и мы «портили» чай холодным молоком. А дед пил кипяток. Пил маленькими глотками вприкуску с кусочками колотого сахара. Он их виртуозно откусывал специальными щипчиками от большого куска, который назывался сахарной головой. А у нас это не получалось. Сахар был плотный и тяжелый, как камень, а щипчики маленькими и тупыми. Им было лет сто, и они пережили две революции, одну Японскую, две Мировые войны, а также войну гражданскую и дедовскую ссылку из Минска в Сибирь. Но в руках деда щипчики делали свое дело. Дед брал кусочки поменьше,

а нам откусывал побольше. Он был добрый и любил своих внуков.

И мы начинали пить чай. Дед, медленно впитывал в себя каждый глоток. Когда он пил, у него шевелились уши. Как у собаки. Назад и вперед, назад и вперед. А мы пили быстро, обжигая рот кипятком, чуть разбавленный молоком, и иногда с губ слазила кожа. Надо было спешить жить, а не чаи распивать. И все же дедовское чаепитие завораживало, и мы наблюдали за движениями его ушей с уважением и интересом.

Прагматичный Борька долго размышлял над плотностью сахарной головы и искал способ легкой добычи сахара из этого громадного куска. Обсуждались пила, стамеска и дрель. Я же предложил молоток. Зачем корячиться с пилой? С молотком будет, конечно, быстрее. Трахнешь по голове разок-другой и все дела. Гениально просто.

Борька засомневался, но в конце концов согласился и с молотком. И вот когда деда и бабушки Стаси не было дома, мы решили действовать. Молоток мы заняли у Евсея Дворкина, потому что из-за спешки дедовский найти не смогли.

Первый удар нанес я. Молоток соскользнул и оставил вмятину на кухонном столе. У Борьки удар получился точнее, но от сахарной головы полетела мелкая крошка и все. Ни одного крупного кусочка. Третий удар, нанесённый моей рукой, получился сильным и пришелся прямо по верхушке. Сахарная голова развалилась на две неравные половины, а белая пыль и крошки разлетелись по всей кухне. Я разводил руками, а Борька крутил пальцем у виска.

— Я тебе, дураку, говорил — молоток не годится!
— Лучше скажи, что теперь делать будем?
— Пилить будем! Лобзиком.

Пилить не пришлось. Звякнули тяжелые ворота. Дед возвращался домой. Мы быстро сгребли крошки, пыль и отломки головы со стола в белый мешок, в котором обычно хранился сахар, и положили на обычное место в буфет, на полку чайной посуды. И попытались скрыться. Но скрываться было некуда.

— Давайте пить чай,— с порога предложил дед.

— А мы уже пили,— сказал Борька.

— Без сахара? — удивился дед.

— С сахаром,— бодро вставил я свои две копейки в разговор.— Мы кусок немного полизали. Он и развалился!

Борька с ужасом смотрел на меня и беззвучно шептал матерные слова. Дед с интересом рассматривал нас обоих и обстановку на кухне, особенно пол, усеянный белой сахарной пудрой. А затем достал мешок с сахаром и вытряхнул на стол.

— Так! Вы что здесь делали, что, Шлимазл!

Он удваивал вопрос, когда сердился. А слово «шлимазл» в его исполнении было страшным ругательством.

— Тараканов разводили?

— Да нет, дед! Мы чай пили. И кусок только чуть-чуть полизали. А он такой хрупкий оказался — настаивал я.

От такой наглости дед лишился речи. И только моргал и разводил руками.

Наши совместные чаепития прекратились. Чай для ссыльного деда было, что называется, дело святое.

— С врунами я чай не пью,— коротко пояснил он.

И действительно, целых три дня мы пили чай врозь, наблюдая за дедовским ритуалом издалека и скучая по его ушам. На четвертый день нас пригласила на чаепитие бабушка Стася.

— Ну что,— спросил дед с улыбкой,— стыдно врать?

— Стыдно! — с облегчением выдохнули мы.— Больше не будем. Никогда.

При этом мы с Борькой с сомнением посмотрели друг на друга.

Дед нас простил. И мы снова сидели все вместе за столом и пили чай. Только сахарная голова куда-то исчезла, спряталась, испарилась, запропастилась и пропала из нашей жизни навсегда. Мы получали свои порции сахара строго по разнарядке. По три больших куска в день. Их дед Иосиф откусывал своими щипчиками в каком-то потайном месте заранее и откладывал в отдельные розетки для Борьки и меня. И этот сахар был вкуснее малинового и клубничного варенья, которые стояли в банках на самом виду, но нашего внимания совсем не привлекали. Просто никакого сравнения. Какое-то варенье и настоящий сахар вприкуску!

КРЫША

Дом был одноэтажный. Но, забираясь на крышу по дереву, я испытывал приятное чувство высоты. Внизу на дворе гуляли куры и цыплята. Глядя на них, я представлял себя властелином неба. Вид на улицу 7-я линия загораживали деревья. Но из одной точки крыши просматривался въезд на старинное Казачье кладбище. Арка ворот казалась маленькой и далекой, хотя до нее по прямой было не больше 200 шагов. Зато весь двор был как на ладони: три сарая, собачья будка, большой огород и бабушкин сад.

Настроение было превосходное. Я топал по наклонной плоскости кровли. Топал и горланил песню из «Человека-Амфибии»: «Эй, Моряк! Ты слишком долго плавал. Я тебя успела разлюбить».

— Ты чего кричишь, чего? — доносился снизу голос деда Иосифа. — Слезай, шлимазл. Упадешь!

— Ты чего топаешь? Вся штукатурка с потолка осыплется! Слезай! — требовала бабушка Стася. — Лучше помоги деду сарай починить.

«Наверное, ослышался, — подумал я. — То есть как? Меня бабушка зовет сарай чинить. Сарай с большим висячим замком, где живут куры и прячется какой-то секрет, из-за которого меня туда ни под каким видом не пускают. А вдруг не ослышался?»

Я перелез на дерево и через минуту стоял на земле. Нет, не ослышался. Баба Стася принесла лестницу и приставила к стенке сарая. Она была очень сильной, сильней всех в нашей семье. Ее отец, мой прадед Рувим был деревенским кузнецом, и свою силу она взяла от него. А он гнул подковы и таскал шестипудовые мешки одной рукой. Шесть пудов, на минуточку, это девяносто килограммов! «Вот бы мне стать таким!» — размечтался я, и меня опять понесло. — А для тебя, родная, есть почта полевая. Прощай, труба зовет!» — Спел я бабе Стасе. И без паузы перешел на «Монтажников». Баба Стася покачала головой и ушла в дом.

Дед хотел залезать первым и уже поставил правую ногу на ступеньку. Но я его опередил и уже стоял на краю крыши и пел: «Трепал нам кудри ветер высоты и целовали облака слегка». Дед медленно поднимался по лестнице, тщательно наступая на каждую ступеньку. Он нес лом.

Крыша сарая была плоской. Кровля состояла из старых прогнивших досок, покрытых рубероидом. Рубероид износился, полысел и скользил под ногами. Доски в некоторых местах провалились, и рубероид провисал вниз. Я устойчиво стоял на уцелевшей доске, а кругом зияли дыры. Неподалеку стоял дед и держал лом.

— Бора, — сказал дед (он не выговаривал «я» в конце слов). — Дело такого рода. Нужно поменять доски. Сначала оторвем старые, потом прибьем новые, потом поменяем рубероид.

— Считай, уже поменяли! — самоуверенно заявил я и взял дедов лом. Держать было неудобно. Лом был тяжелым и длинным как гриф штанги. Но мне удалось вставить его конец в щель между двумя гнилыми досками. Используя одну из них как опору, а лом как рычаг, я повис на нем всем телом. Лом наклонился и, не встречая препятствия, резко пошел вниз. Я попытался его остановить, но потерял равновесие и, падая на спину, проломил хрупкое покрытие крыши и полетел вниз головой вовнутрь сарая.

Говорят, Бога нет. А я говорю — есть! Почему? Да потому, что он меня спас! Пробивая крышу своей дурной головой, мне, как заправскому гимнасту, удалось сгруппироваться, выполнить заднее сальто, и приземлиться в узкое пространство между металлической бочкой, верстаком и связкой деревянных досок, приготовленных для ремонта. Закудахтали куры, и раздался душераздирающий дедов крик:

— Бора разбился! Бо! Ра!

Я посмотрел вверх и обмер. Над моей головой завис лом. Завис, но не упал. Его потянул на себя дед. Теперь я видел его лицо, белое, как у клоуна в цирке.

— Бора разбился, — теперь уже тихо повторял дед. У него был шок.

— Дед, ты что! Я живой! Все в порядке! — затараторил я. И дед стал приходить в себя.

— Живой. Живой! Живой!! — уже громко повторял он.

Дверь распахнулась, и в сарае стало светло. В него ворвалась бабушка Стася. Она держала висячий замок, очевидно, вырванный из непрочной двери вместе с металлической накладкой запора ее сильной рукой. Она бросила замок на земляной пол, обхватила мою голову, резко притянула к себе, рискуя ее оторвать, и крепко поцеловала в лоб.

— Молодец, что живой! Иосиф, шлимазл в порядке! Слезай уже с этой чертовой крыши. Не ровен час, сам упадешь и разобьешься. Позовем людей. Они сделают. Дверь нужно тоже менять. Она вся гнилая.

«Здрасте! — отметил я про себя. — У меня уже и кличка есть. Довел стариков, дубина!» Надо было делать выводы. Но делать выводы было некогда. Пока дед слезал с крыши, я осматривался по сторонам. И осматривался с большой пользой. В бочке, о которую чуть не разбилась моя шалая голова, хранились яблоки. Они сладко пахли и были воскового, желтого цвета. Налились соком. Созрели. Вот он, наверное, тот самый секрет. От меня никаких секретов не скроешь! И я, довольный собой, зашагал в дом.

Старики чувствовали свою вину. На самом деле, на такую крышу с ломом разумные люди не лезут. Опасно. Так что с их планом промашка вышла. И они хотели эту вину сгладить. Мы сели пить чай. На столе стояли розетка с щедрой горкой кускового сахара, ваза со свежесваренным клубничным вареньем, тарелка с ванильными сухарями и бабушкиными плюшками. Я пил чай, лопал сладости и праздновал удачный день. Хорошие новости лились рекой. Скоро должен был приехать мой двоюродный брат Борька, и дед обещал дать каждому деньги на кино, пломбир и крем-соду, целый рубль на двоих.

Дядя Яша привез Борьку из городского лагеря в тот же вечер. Борька выслушал новости с большим интересом. «Умнеешь на глазах!» — сказал он. В его исполнении это была наивысшая похвала. «Все-таки, — благодарно подумал я, — брат брату брат!». Но его мысль была гораздо глубже, и я увидел только надводную часть ее айсберга.

— Умнеешь. Но еще есть куда расти, — продолжил он.

«Козел! — С негодованием подумал я. — Строит из себя вождя Чингачгука!» Но тут Борька развернул передо мной панораму действий, в которой все имело смысл.

— Значит, так. Завтра мы сначала играем в футбол. Потом идем на Казачий рынок и покупаем собаку типа овчарки со стоячими ушами. Но у нас мало денег. Попросим у деда по рублю, купим кролика или две морские свинки, продадим и выручки хватит на собаку.

У Борьки был практичный ум. Мы давно мечтали о собаке. И вот теперь у нас появлялся шанс. Он подошел к деду и, глядя ему в глаза, произнес: «Дед, неужели человеческая жизнь стоит всего 50 копеек? Пожалуйста, дай нам по рублю». Я бы поместил Борькину фразу в учебники истории в назидание потомкам.

Дед Иосиф дал нам каждому по монете с профилем Ленина на решке и гербом, колосками пшеницы на орле, где вверху стояла надпись СССР, а под гербом в три строки «Один рубль 1962». Рубли были совсем новенькие, как будто их отчеканили вчера, и походили на медали. Путь к покупке собаки был открыт.

МОГИЛА

В шестидесятые в самом центре Омска еще существовало старинное Казачье кладбище. Ему было больше ста лет. Город рос, расширялся, и, в конце концов, кладбище оказалось в самом центре. На нем сначала хоронили казаков Омского полка и самых знаменитых граждан, а потом всех подряд. Конечно, тех, кто мог заплатить. И это примерно все, что я тогда знал из богатой истории Омска.

Кладбище было заброшено. Храм и складские помещения на другом его конце, ближе к улице 20 лет РККА, были закрыты. Все заросло травой, кустами черемухи, акации, сирени и лопухами. По нему бессовестно гуляли коровы и свиньи. Сохранилась центральная аллея и тропинки, ведущие неизвестно куда. Именно туда, в неизвестно куда Борьку и меня тянуло любопытство. Иногда мы обнаруживали себя в кустах кусачей крапивы и репейника. Однажды Борька угодил ногой в дерьмо, и потом весь день смердел на сто шагов, потому что оттереть дерьмо с кедов было невозможно. Мы терялись, и потом с трудом находили выходы на аллеи. Но все это стоило того. Потому что иногда мы неожиданно натыкались на склепы и мраморные надгробья невероятной красоты.

Там сладко пахло сиренью. Там были ангелы с лебедиными крыльями, иногда совсем или наполовину отломанными от их ангельских спин, святые с бородами и нимбами над головой, офицеры в парадных мундирах, покрытых плесенью и землей, младенцы-херувимы на руках матерей. Там было много чего для наших любопытных глаз. На некоторых памятниках сохранились слова. А где надписи были неразборчивы, можно было поплевать, а потом стереть слюну руками или травой. Слова проступали отчетливей, и их можно было прочитать.

МОГИЛА

На кладбище похоронили много народу. Но памятников осталось мало. Некоторые из них покосились, а некоторые лежали на земле, покалеченные временем и людьми.

Мы жалели тех, кто умер молодым, и долго стояли возле уцелевшей могилы одного казака. Это была небольшая мраморная плита, на которой значилось, что он был убит в бою в 1919 году. Ему было всего 17, и он, наверное, служил в Красной армии или армии Колчака. Или вот девица, 22 лет, умершая от какой-то болезни в 1899.

Зачем разорили кладбище, мы не знали. Но задумывались. Это было несправедливо. Жили люди, жили. Потом умирали. И от них не оставалось и следа.

На долгие вылазки по тайным местам кладбища нашего терпения не хватало, и мы убегали играть в футбол. А самым подходящим местом для футбола была 7-я линия. Не сама улица, по которой ездили машины, а широкая площадка перед входом на главную аллею.

Сегодня у нас с Борькой был важный день. После футбола мы собирались отправиться на Казачий рынок и, наконец, купить собаку. У каждого из нас было по железному рублю. Борькин — в кармане его штанов. А мой был вложен в круглый нашивной кружок на наружной стороне правого кеда. Он там сидел прочно, а карманам я не доверял. В них бывают большие дыры. И это факт. В моих были всегда.

Мы разошлись метров на 30 и стали пинать мяч туда-сюда. Я был в ударе. Мяч летел точно. Игра спорилась. Бил прямо пыром, наружной и внутренней щечкой ступни, подкручивая мяч, и был страшно доволен собой.

— Ладно. Хватит! — остановил игру Борька. — Пойдем за собакой.

Мы отнесли мяч домой, и когда пришли, я проверил тайник. Но наружный кружок правого кеда был пуст. Рубль пропал!

— Как нету рубля? Ты что, офигел? А на что мы купим собаку?! — кипятился Борька. — Ты совсем идиот класть деньги в кеды, а потом пинать мяч?!

— Хотел как лучше. Кто же знал, что так получится.

— А у тебя всегда так! Кто знал, кто знал! — передразнивал меня он. — Да это все знают! Большого ума не надо. Пойдем искать рубль, дубина.

Обыскали всю площадку. Рубля нигде не было. И тут мы обратили внимание на ямы, вырытые возле входа в аллею. Они раньше просто не попадались на глаза. А ведь в ту сторону прилетал мяч. И не раз. Странно... На кладбище давно не было похорон, а тут появились свежие могилы. Зачем? Может, опять начнут хоронить? Или разрыли могилы тех, кто был похоронен раньше? А может, искали клад?

Мы подошли к ближайшей яме и заглянули внутрь. Она была глубокой, и мы не могли рассмотреть, что там на дне.

— Ну что, прыгай и ищи. Ты потерял, тебе и искать, — заявил Борька. — А я на другие ямы посмотрю сверху. Может, что и увижу.

«Вот Карабас-Барабас! Вот козел! Брат брату брат, называется! Я, значит, в могилу, а он сверху смотреть будет», — подумал я и тут же отогнал эту мысль. Ведь он был прав. Я потерял, мне и искать. Это будет честно и справедливо. Я свесил ноги в яму и прыгнул.

Запахло сырой глиной. В яме не было воды. Просто сырость, вязкая невидимая влага. Было холодно, тихо и темно, хотя туда и проникал свет. Казалось, он где-то далеко, эта живая картинка неба в прямоугольной рамке. Глаза стали быстро привыкать к темноте. Я стал внимательно осматривать дно. Нашел кружок металлической крышечки от пивной бутылки. И все. Моего железного рубля в могиле не было.

Надо было выбираться наружу. И только тут до меня дошло, что из этой ямы одному, без посторонней помощи выбраться никак нельзя. Глубина большая, стенки отвесные. Нужна веревка. И даже с веревкой Борька один меня отсюда не вытащит. Что же, я так и буду здесь сидеть? Меня охватил страх, но быстро прошел. «Это же как окоп, в котором прячутся солдаты!» — сказал я себе. Нечего бояться и паниковать. Дождусь Борьку. Он приведет деда, и меня вытащат.

Я сел и стал смотреть вверх. Там на небе среди ясного дня появилась луна и бледные точки звезд. День и ночь сошлись вместе. Я не понимал, как такое может быть. Но это происходило на моих глазах.

Влажный холод могилы стал проникать в мое тело. Я стал мерзнуть. Появилась дрожь. Я обхватил себя руками, но согреться не мог. Не получалось. Тогда я стал прыгать, хлопать себя по бокам и звать Борьку. Но его все никак не было. Я смирился, сел и уставился на небо. Оно чуть потемнело, и на нем опять появились луна и звезды. Что-то незнакомое происходило в моей душе. Что-то сдвинулось. В голову полезли стихи. Всего две строчки, произносимые разными голосами:

«Вот я сижу в могиле и вижу день и ночь.
Один я в этом мире, и некому помочь».

«Ну и черт с ним! Вот буду здесь сидеть весь день и всю ночь. Как солдат в окопе. На Борьку надежды нет. Бросил меня брат. Наверное, пошел покупать собаку. Ах да, забыл. У него и денег-то нет. Только один рубль. А на рубль собаку не купишь. Значит, купит морскую свинку. Променяет свинку на брата, козел вонючий. А может быть, он за дедом пошел и собирается меня спасать. Тогда не козел», — я слушал свои мысли как посторонний, и никаких чувств они не вызывали.

Вдруг показалось, что меня кто-то слушает. Может быть, все люди, похороненные здесь, на этом большом кладбище. А я нес такую чушь! Все! Хватит! Не о чем здесь говорить. Мне стало все равно, что будет дальше. Наступил полный покой, и я погрузился в глубокий сон.

...На голову упал кусок сухой глины.

«Выходи по одному!» — услышал я голос Борьки. Глаза открылись. В рамке неба возникли Борька, дед и бабушка

Стася. Они молча смотрели на меня, а бабушка укоризненно качала головой.

— Держи веревку, Бора! — крикнул дед. — Мы тебя тащить будем.

— Ага, дедка за репку, бабка за дедку. Нам только мышки не хватает! — ехидничал Борька.

«Все-таки он козел», — с горечью подумал я. Но тут же оставил эту мысль. Ведь это он, Борька, привел на выручку наших стариков.

Веревка болталась у моего носа. На ней бабушка сушила белье. Наверное, все мокрое белье пришлось снимать. Мне стало стыдно. И вылезать расхотелось.

— Давай, давай! Вира-майна! — продолжал глумиться надо мной Борька.

— Бора, вылезай! — звал дед. — Пойдем обедать и чай пить.

— Я тут еще немного посижу. Мне нужно подумать. — Неожиданно для себя сказал я.

— О чем?! — удивился Борька.

— О жизни.

Наступило молчание. Наверное, они обдумывали мой ответ. И тут у меня заурчал живот. Страшно захотелось есть.

— Пойдем, внучок, — услышал я бабушкин голос. — Борщ стынет.

Без дальнейших колебаний я схватил конец веревки и стал подниматься на божий свет. Он был ярок и прекрасен. Меня окружала моя семья.

Дома я набросился на корм и слопал громадный помидор «бычье сердце» со сметаной и луком, две полные тарелки борща с хлебом и яичницу с жареной, крупно нарезанной картошкой. Я обожал все, что готовила баба Стася.

— Да-а. В могиле такую еду не подают, — съехидничал Борька, но бабушка строго на него посмотрела, и он умолк.

Я Борьку тут же простил. Человек тревожился, что мы не сможем купить собаку, так как у нас оставался только один рубль, в чем виноват был только я. Мы помирились и решили все же попытать удачи завтра.

А вдруг повезет!

Однако на все расспросы о могиле я отказался отвечать. Не рассказал о том, что чувствует одинокий, покинутый всеми человек. И не смог бы об этом рассказать. А он бы не смог понять. Не стал говорить о луне и звездах на дневном небе, о запахе глины, холоде, полной тишине и покое в душе, которые я испытал там. Конечно, брат брату брат и секретов от него нет. Но это — дело особое, личное. Это о моей душе. Есть вещи, которыми ни с кем и никогда не стоит делиться.

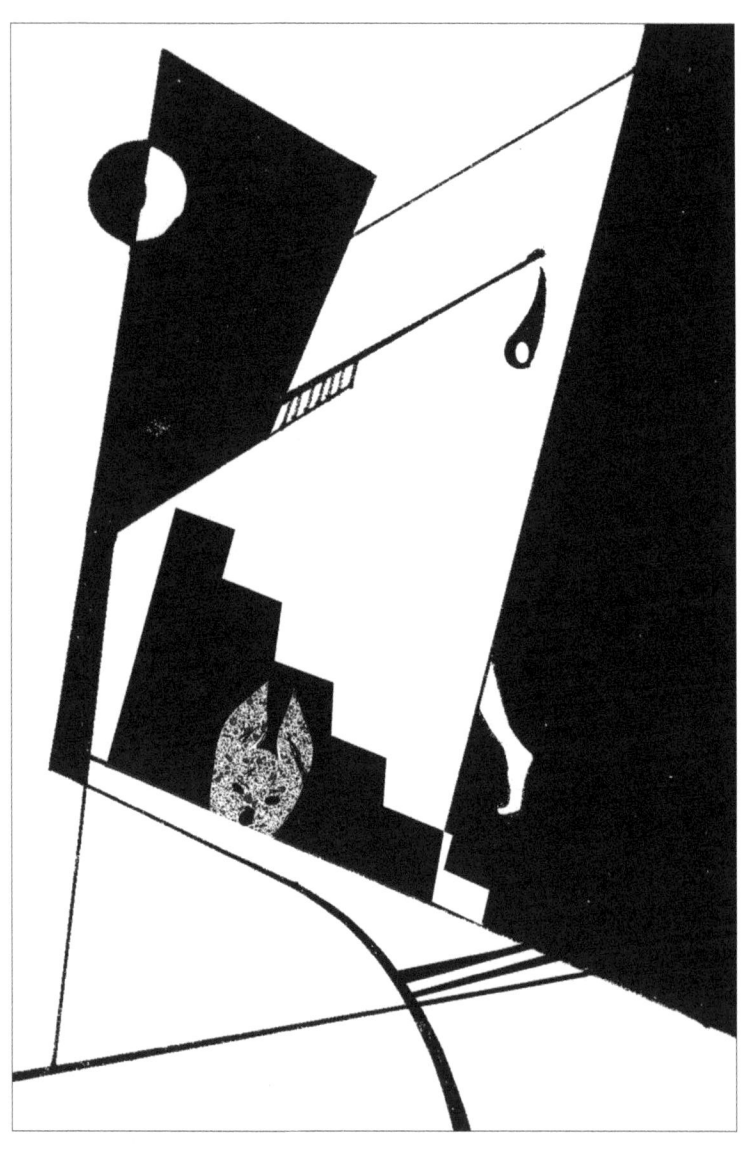

СОБАКИ

Они добрые, они благородные, они бескорыстно преданные. Надежные товарищи, друзья, братья, сестры, дети и спутники жизни. Это я о ком? Конечно, о собаках! Выбирайте любое определение на собственный вкус. Как по мне, каждое из них является правдой. К этому следует добавить, что для некоторых людей собаки — это нечто большее, культовое. Можно сказать, религиозное.

Однажды, путешествуя по Бутану, в буддийском монастыре я увидел собак, гуляющих среди молящихся монахов. Через своего гида и переводчика я спросил одного из них, почему это разрешается в храме. И услышал такой ответ: «Храм открыт для каждого, кто бы ни пожелал войти. Будда любит всех. Особенно собак, которые после смерти станут людьми. Они прошли полное очищение своих грехов. Они лучше нас, потому что мы в самом низу пирамиды и после реинкарнации начнем свой путь вверх в качестве червей. Сам Будда из-за своих ранних грехов прошел Ад прежде, чем достиг Нирваны». «Неужели сам Будда был когда-то собакой?» — захотел спросить я, но благоразумно воздержался.

Однако вернемся к нашему рассказу. Дело было в Омске, где я и мой двоюродный брат Борька проводили одни из лучших каникул нашей жизни. Мы давно мечтали о собаке и строили планы о ее покупке на Казачьем рынке, где есть все, начиная с простого гвоздя и так далее по бесконечному воображаемому списку. Назовите любой предмет, и я вам скажу: «Таки да, вы это там можете купить». Конечно, если у вас есть деньги.

А вот с деньгами у нас было не очень. Дед Иосиф по своей доброте душевной выделил нам по железному рублю.

Но собака стоила дороже. К тому же я потерял свой, когда играл в футбол. Так что сальдо было не в нашу пользу. Мы бродили по рынку и искали манну небесную, точнее, деньги на земле. Знаете, люди иногда роняют, теряют... Но не на Казачьем рынке в городе Омске. Не знаю как сейчас, но в те годы они свои кровные по земле просто так не разбрасывали. Мы нашли всего 5 копеек: трешку и двушку, и те потертые и покрытые плесенью.

Тогда Борька передвинул рычаг своего коммерческого таланта на полный вперед и приступил к многоходовой комбинации товарообмена одного рубля и пяти копеек, чтобы они превратились в искомых 3 рубля. Мы купили гашеные почтовые марки 1946 года и обменяли их на более дорогие времен Великой Отечественной. Нашелся-таки олух на такой неравноценный обмен. Или, может быть, нам просто повезло, и какая-то из наших марок обладала особой филателистической силой. В результате у нас на руках оказалось 2 рубля и тридцать копеек, из которых 20 копеек мы немедленно потратили на свежеиспеченные ливерные пирожки.

Процесс пошел. Примерно к часам двум дня у нас накопилась целая трешка с хвостиком. И мы пошли покупать голубей, чтобы продать с выгодой и, наконец, купить собаку. Мы шли по животному ряду и глазели на кур, уток, свиней и коз. И вдруг заметили рыжую собаку со стоячими ушами. Она обнюхала все на своем пути и свернула налево, в проулок между рядами. Мы поспешили за ней.

Собака остановилась возле одного из прилавков, присела и стала махать хвостом. Продавец, по виду восточный человек, нырнул головою под прилавок, что-то достал и бросил ей. Собака проглотила подачку и продолжала сидеть. Видимо, ожидала, что будет еще кусок. Мы подошли, и Борька сразу перешел к делу.

— Скажите, товарищ, собака продается?
— Все продается, — ответил небритый продавец.

На нем был поношенный костюм. Пиджак с грязно-белыми нарукавниками был надет прямо на майку. На передних верхних зубах виднелись золотые коронки, а на мизинце правой руки сидел перстень с большим красным камнем. Наверно, это был рубин. Он продавал мясо. За прилавком стояла плаха с воткнутым в нее топором. А на самом прилавке лежали куски мяса, по которым гуляли мухи. Здесь стоял неприятный, несвежий запах. И хотелось скорее уйти, чтобы вдохнуть воздуха и избавиться от подступившей тошноты.

— Я могу дать за собаку 3 рубля, — продолжал ковать железо пока горячо Борька.

— Давай, — лениво протянул продавец, взял трешку, посмотрел купюру на свет и положил в нагрудный карман пиджака.

— И собака наша?! — в унисон прокричали мы с Борькой.

— Ваша, ваша. Забирай! Отдаю насовсем!

— А как же поводок и ошейник?

— Сейчас при себе не имею. Приходите потом.

— А как же мы ее поведем?

— Не знаю. Сам удивляюсь. Вы забирайте собаку и уходите. Не мешайте торговать.

— Ну дайте хотя бы веревку. Пожалуйста, — попросил я.

— Веревка есть. — Продавец снова нырнул головой под прилавок, покопался и через минуту протянул нам обрывок шпагата, размохренного на одном конце.

— Ты умный малчик. Потому отдаю бесплатно, от щедрой души!

Тем временем собака смирно сидела рядом и слушала наш диалог. Мы пристроили шпагат на ее шее, сделав просторную петлю для ошейника, и завязали ее двойным узлом. Остался короткий хвостик для поводка.

— А как ее зовут? — спросил Борька.

— Я откуда знаю? Твоя собака. Как хочешь, так и зови. Между прочим, малчик, это не собака, это кабел. Видишь, у него торчит. Это... Ну ты понимаешь, да?

Мы понимали, что торчит у кобелей. Вступать в дальнейший разговор не было смысла. И мы пошли, а пес послушно следовал рядом.

— Эй, ребята! — окликнула нас женщина, чей прилавок находился напротив. — Это бродячий пес. Живет на рынке. Зачем дали деньги. Он ничей.

— Вот дураки! — схватился за голову Борька, и мы повернули назад. Пес удивился, но послушно пошел с нами. Продавец сидел за прилавком и скучал. Похоже, у него ничего не покупали.

— Отдайте нам деньги! — гневно потребовал Борька.

— Какие деньги? — искренне удивился продавец.

— Которые мы заплатили за бродячую собаку! За эту.

— Да ты что, малчик. Я тебя в первый раз вижу. Уходи! Не мешай торговать.

— Ладно. Пойдем, Борька. Пусть подавится этими деньгами, — сказал я. — Теперь у нас есть собака. Со стоячими ушами, как ты хотел.

Мы шли по рынку, поглядывая на послушного пса. Он нам нравился все больше и больше. И мы скоро забыли о лукавом продавце, и совсем не жалели, что отдали деньги за этого бродячего пса. Давайте говорить честно. За три рубля собаку никакой дурак не продаст. За три рубля можно только самый дешевый поводок купить. Так что нам здорово повезло. Мы направлялись к стариковскому дому на 7-й Линии, и, пока шли, у пса определилось имя. Его теперь звали Джульбарс.

— Нет! — в один голос сказали старики.

— Здесь собаку держать мы не сможем, — заявил дед Иосиф. — Нам бы с вами как-нибудь справиться...

И какие бы доводы мы ни приводили, старики отвечали решительным «нет».

Джульбарса хорошо покормили и дали переночевать в сенях. Но в нашем доме и, наверное, во всем квартале никто не спал из-за сумасшедшей собаки соседки, тети Ханы, которая дико лаяла всю ночь напролет. А потом к ней присоединился и Джульбас, обиженный таким враждебным приемом.

Утром мы увели нашего пса в Борькину квартиру на улице 20 лет РККА. Его дом был недалеко, если идти по кладбищу через центральную аллею. Дошли быстро, но в квартиру Джульбарса не пустила тетя.

— Пес грязный, без прививок, и его негде держать, — отрезала она.

— Тогда я из дома уйду и буду жить с ним на улице! — заявил Борька.

— И я тоже! — отозвался эхом кто-то внутри меня. Нельзя допустить, чтобы брат жил на улице один и копался в помойках.

Борька не шутил. У тети уже был горький опыт. И его не хотелось повторять. Тетя любила сына. И, немного подумав, разрешила держать пса в сарае, который находился во дворе. На самом деле, это был гараж, типичный бокс в ряду стоянок машин, знакомых любому члену гаражных кооперативов. Но в те годы лишь немногие омичи имели собственные машины. Поэтому гаражи использовались для хозяйственных нужд, и их называли сараями. Мы покормили Джульбарса тетиным супом, погладили и закрыли на ключ. А потом отправились в дом стариков, случайно прихватив ключ с собой.

Ночью Джульбарс дико завыл. Он хотел справить нужду, но в тесном сарае не нашел подходящего места. Мы услышали этот вой на 7-й Линии, на другой стороне кладбища. А это значило, что пес разбудил весь Октябрьский район города. Замок пришлось ломать.

На следующий день Джульбарс исчез. Тетя сказала Борьке, что у нее не было выбора и она пристроила пса к хорошим людям. Оставалась только надеяться, что «хорошие люди» не работают на живодерне.

Память о Джульбарсе жила в наших сердцах. И по возвращении домой, в Кемерово, я решил повторить подвиг Борьки. Подходящий случай не заставил себя долго ждать. В нашем дворе появился бездомный щенок с экстерьером настоящей овчарки. Он был одет в серо-белую шубку, имел в меру пушистый хвост. Его уши то стояли, то висели. Наверное, еще не было силы их держать начеку. А глаза смотрели на мир с достоинством, которое присуще большим и сильным собакам.

Я немедленно назвал щенка Лордом и понес домой. Накормил содержимым холодильника и напоил водой. У пса был отличный аппетит, и с содержимым он справился. Я объявил, что Лорд согласился жить в нашей квартире на условиях, что именно я его буду кормить, поить и выводить гулять.

— А с другими обитателями квартиры, например, со мной, ты согласовал? — спросила мама.

И здесь на меня напало удивительное красноречие. Я поведал все, что знал про собак. Как они когда-то были волками, а потом перешли на сторону людей, чтобы им служить и защищать (гипербола), особенно таких хороших людей, как моя мама (лесть), как они ловят диверсантов и бандитов, находят мины (героизация), помогают слепым, спасают людей на воде, в горах и на пожарах, как хранят верность до гроба и любят детей (соблазн этикой добра), как плохо живется брошенным, бездомным собакам, которые умирают от нищеты и болезней (нажим на жалость и сочувствие), как добрые люди, такие как мама (лесть), любят и всегда помогают собакам в их борьбе за справедливость (снова гипербола). Мама заинтересовалась, как это собаки борются за справедливость. Но здесь мое красноречие иссякло, и я перешел на нормальный человеческий язык.

— Мама, ты знаешь, я люблю собак. Мы не можем отдать этого щенка живодерам. Лорд хороший. Он будет слушаться и хорошо себя вести. Не нужно мне никакого велосипеда. Не нужно мне никаких подарков на день рождения и на Новый год. Только разреши оставить собаку.

Мама задумалась. А потом сказала:

— В квартире нельзя. Из-за слышимости. Ты сам знаешь. Вот мы с тобой говорим, а наш разговор слышат соседи на первом этаже. Давай отдадим Лорда моей лаборантке Маше. Она живет на левом берегу в своем доме. Там Лорду будет хорошо. А ты его будешь навещать.

И тут меня осенило.

— Знаешь что? Он может жить на чердаке! Там шлак. Он никакие звуки не пропускает. Ничего не будет слышно. Пожалуйста!

И мама дрогнула.

— Давай попробуем. Но ты должен мне обещать, что, если поступит хоть она жалоба от соседей, с Лордом придется попрощаться.

— Идет! — согласился я.

Я вставал рано, до школы, чтобы его покормить и попоить. Держа в зубах сетку со всем необходимым, взбирался по лестнице на чердак, поднимал тяжелую крышку люка, перехватывал сетку рукой, ставил на неровную шлаковую поверхность чердака, потом забирался сам и опускал крышку, чтобы нас не было слышно. Но Лорд встречал меня счастливым лаем, как только открывался люк. И прежде, чем я успевал опустить крышку, будил весь дом. А вечером я кормил его второй раз и играл с ним на чердаке. Я думал, что это никому не должно мешать. Но сильно ошибался. Жалобы начались на второй день и шли по нарастающей. В конце недели к нам пришел человек из домоуправления и потребовал освободить чердак. «Немедленно уберите собаку! Вход на чердак завтра закроем на замок», — сказал он.

Мы взяли Лорда домой, но жалобы не прекратились. Соседей не устраивал собачий лай. Они хотели, чтобы пес говорил на человеческом языке. И его увезли. Я перестал разговаривать с соседями, даже с матерью своего приятеля, Валерки Ф. А самую злостную жалобщицу, вечно сердитую тетку с пятого этажа, при встрече обозвал с*кой и ведьмой. Но это, конечно, моему горю не помогло.

Через два года я навестил Лорда на левом берегу Томи, где стоял Машин дом. Он сильно изменился, превратившись в громадного сторожевого пса. Маша держала его на цепи. Лорд посмотрел мне в глаза, молча повернулся и, звеня цепью, ушел в свою конуру. Он помнил, как я его предал, и не простил.

Любовь к собакам не прошла, а стала сильнее. Она впечаталась в гены и всосалась в кровь. Собаки живут в нашей семье, семьях наших детей, друзей, сослуживцев и соседей. Их здесь, в Америке, около 90 миллионов. Они охраняются законом и человеческой добротой. Для них готовится специальная еда. Их лечат врачи. Им делают прививки, чтобы защитить от болезней. Их хоронят с уважением и почестями. Ставят памятники и награждают медалями за собачью отвагу и доблесть. А некоторым, особо отличившимся на войне, присваивают воинские звания.

Но для того чтобы так жить, собакам, как и нам, людям, нужно родиться в правильном месте и в нужный час. А это как положит Господь. Я надеюсь, что Лорд меня все же простит, когда в следующей жизни станет человеком.

ВИНА

Было понятно, почему мама сослала меня на все лето в Омск к родителям. Справляться со мной было нелегко. И она нуждалась в передышке.

Дед Иосиф и бабушка Стася отличались удивительным жизнелюбием и стойкостью к превратностям жизни. А превратностей было столько, что их бы с лихвой хватило на добрый десяток семей. Они пережили погромы, революцию, разруху, Гражданскую войну, голод и Великую Отечественную. На этой войне погиб их сын, в память о котором назвали меня и моего двоюродного брата. Под Сталинградом воевала их дочь.

Дед Иосиф сам воевал в Гражданскую, а во время Отечественной, после потери сына, пошел служить в РККА. А ведь ему тогда было под 50. Баба Стася, потеряв мать, когда ей было 8 лет, включилась в работу в большом «кулацком» хозяйстве своего отца. Рувим был деревенским кузнецом, человеком несентиментальным, и его дочь стала сначала простой работницей, а потом и полноправной хозяйкой в большом доме. Она косила траву, доила коров, готовила еду для отца и всех, кто работал в кузнице и хозяйстве, наравне с рабочими таскала шестипудовые мешки с мукой и запрягала лошадей. Физической силой Стася пошла в отца.

Рувим выдал ее замуж за Иосифа, которому она родила трех детей, а потом спасала семью, когда товарищ Сталин устроил беспредел всему российскому крестьянству, уничтожив лучших и согнав остальных в рабовладельческие колхозы, жители которых не имели паспортов и, соответственно, никаких гражданских прав.

В 1928 году новая экономическая политика приказала долго жить. Начались аресты «нэпманов», а именно людей, спасших страну от голода и разрухи Гражданской

войны. Иосиф имел лавку, где продавал муку, и поэтому, по определению, был нэпманом, врагом трудового народа. Его арестовали, а семью сослали из Минска в Сибирь, на дальнее поселение куда Макар телят не гонял. На сборы дали два дня. А далее Стася в одиночку с тремя детьми на руках, включая двухгодовалую Соню, мою будущую маму, за три месяца, преодолев 3,500 километров тяжелого пути, смогла добраться до места назначения, в глухое, таежное село в Тарском районе на севере Омской области. Иосифа освободили только через несколько лет.

Они, мои старики, пораженные в правах, смогли выстоять, выжить, дать образование детям, открыв им дорогу в нормальную жизнь. Короче, эти люди были изготовлены из огнеупорных материалов самой высшей пробы.

Старики решили маме помочь, надеясь, что с этим уж как-нибудь справятся. Однако не представляли, с чем им придется столкнуться. А их ожидало природное бедствие в лице внуков: меня и моего одногодка, единомышленника, точнее подельника, двоюродного брата Борьки.

Конечно, если посмотреть с нашей стороны, каникулы удались на славу. Это был праздник жизни, вольтова дуга приключений и всевозможных событий, которые не всегда увидишь в кино.

Однако приходится признать, что в процессе мы «разбили кое-какую посуду в тесной лавке». Перечисляю побочные эффекты торжества по пунктам.

Мы, вышеобозначенные внуки:

1. Начисто оборвали 3 яблони, и при этом сожрали еще зеленые яблоки, а потом и созревшие желтые, обнаруженные в сарае, когда я упал с крыши: все сразу, без остатка, весь урожай.

2. Растерзали и замучили бабушкину перину, без которой бедная бабушка с ее больной спиной не могла нормально спать.

3. Разломали сахарную голову молотком, оскорбив чувство ссыльного деда, который всю жизнь следовал свя-

щенному для него ритуалу чаепития вприкуску, где сахарная голова играла архиважную роль.

4. Обвалили штукатурку с потолка на кухне, прыгая на крыше и устраивая дикие концерты соседям и случайным прохожим, причем делали это повторно, несмотря на протесты стариков.

5. Регулярно объедали клубнику с грядки соседского огорода. Каждый раз нам всегда удавалось вовремя скрыться, и соседка, тетя Хана, жаловалась на неурожай и разводила руками, глядя на переполненные ягодами грядки в огороде бабушки Стаси.

6. Проиграли в карты Борькин транзистор какому-то шулеру, соседу по его дому на улице 20 лет РККА (вношу в список, хотя Борькины родители со скандалом смогли его вернуть).

7. Открыли ворота петуху, которому дед Иосиф, мучась совестью и истекая холодным потом, отрубил голову. Жертвенный петух предназначался для супа, но мы хотели, чтобы он убежал, и открыли калитку. Безглавый петух действительно удрал на улицу и носился там зигзагами. А дед его преследовал по пятам, пока тот не упал замертво, еще долго дергая лапами и заставляя деда страдать от вины за загубленную жизнь.

Конечно, в некоторых семьях за любой из этих пунктов полагался «расстрел с конфискацией имущества». Но с добрыми стариками нам могло бы и прокатить. И все бы было ничего, если бы не роковой пункт 8, который все погубил.

В спальне стариковского дома вдоль всех стен были расставлены бутылки, бутылочки, банки и баночки с какими-то заготовками, которые мы с Борькой заметили давно, точнее, сразу в день моего приезда, но поначалу не обратили должного внимания. Но и для них пришел свой черед. И мы решили все-таки узнать, что находится в этих загадочных сосудах, живущих в самой главной комнате дома. Просто из любопытства. А там были настойки и наливки, хранящиеся на случай праздника, гостей или болезни. А в банках и баночках были грибы. Сами понимаете, от такого соблазна трудно удержаться. Тем более что вкус веселого зелья для меня был уже знаком.

В нашем кемеровском дворе на Орджоникидзе 2А мы с пацанами распивали портвейн из фугасных бутылок. А с коньяком я столкнулся года в два и не по своей воле. Отец в шутку налил мне коньяк за праздничным столом, а я его не в шутку выпил. И задохнулся от жжения в горле, долго не мог дышать, чем испугал маму, самого отца и гостей. У родителей вышла ссора. И я переживал за маму, которая стала плакать.

Знакомство с шампанским было тоже связано с отцом. У него был поразительный и неповторимый ритуал откупоривания шампанского. За пять минут до Нового года отец раздевался, брал бутылку шампанского и уходил в ванную. Раздавался хлопок, и он торжественно являлся нарядно одетому народу в своих длинных черных трусах, облитый шампанским с головы до ног, и со счастливой улыбкой разливал остатки бутылки в бокалы. Разумеется, шампанского для всех не хватало, и какой-нибудь расторопный гость открывал еще одну бутылку. Я обожал смотреть это шоу, а мама сердилась.

Интересно, что отец вообще не пил. И у нас дома была единственная бутыль кагора на всякий случай, для гостей. Так вот, я добрался и до нее, отпивая понемножку и подливая каждый раз равное количество воды, до тех пор, пока содержимое не превысило концентрацию воды в городском водопроводе, как пошутил отец, наливая этот «кагор» чистой воды гостю. За содеянное я получил хорошую порцию ремня по заднице и от него, и от мамы.

Я видел отца пьющим только один раз, когда мне было 22 года. Я лежал при смерти в реанимации городской больницы с сепсисом, который за отсутствием антибиотиков лечили внутривенными инъекциями спирта.

И они спасли мне жизнь.

Так вот, отец пришел в больницу тогда, когда моя душа металась в поисках спасения между этим миром и миром иным, и принес какой-то дорогущий коньяк. Он выпил целый стакан в одиночку, потому что от токсичной дозы алкоголя, накаченного в мое тело, меня сильно тошнило и рвало, и я не мог этот коньяк пить.

— Живи, сынок. Пожалуйста, живи,— сказал отец и спрятал глаза. Не помню других деталей, но эти слова и стакан крепкого алкоголя, выпитый непьющим отцом, я никогда не забуду.

Однако довольно лирических отступлений. Я возвращаюсь в Омск 1962 года, в дом на 7 Линии.

— Ну что?— спросил я Борьку, открывая водочную чекушку, заполненную рубинового цвета жидкостью.— Попробуем?

— Давай,— отозвался он.

И мы стали пить. Это была сладкая и крепкая вишневая настойка. Выпили весь бутылек.

— А ничего!— одобрил Борька.— Давай посчитаем, что у нас есть.

«У нас» было около 20 емкостей разного размера с настойками ягод, от рябины и смородины до облепихи и вишни, и 8 банок с грибами. Все сразу не распробуешь. Но за неделю можно. И мы решили пробовать по 3 в день. Для маскировки я предложил свой проверенный способ доливки водой, очевидно, забыв про прошлую порку. Иногда доливали соком или морсом, всем, что попадало под руку. Где-то на третий день стали путаться из каких бутылок пить. А потом и вовсе потеряли контроль над процессом и пили все, что имело красный или желтый цвет.

Через неделю в бутылках осталась одна вода. Пустели и банки. В некоторых оставалось по одному или два гриба, одиноко плавающих в рассоле. По мере убывания запасов у нас возрастала тревога. Мы еще не читали Достоевского, но интуитивно понимали, что грядет расплата. И, по совокупности обстоятельств, расплата немалая.

Время от времени дед делал обход и однажды обнаружил неладное по цвету бутылок и количеству грибов. Он пришел в сильное волнение и позвал бабушку. А мы сидели на кухне, играли в подкидного дурака и делали вид, что нас это не касается и мы здесь ни при чём. Дед бегал туда-сюда, из спальни в кухню и назад, и с каждым кругом становился все мрачней. Баба Стася стояла и молча смотрела то на бутылки, то на нас. Атмосфера накалялась сначала беззвучно, а потом произошел тихий, но мощный взрыв.

— Что это вы наделали, что? — неузнаваемым голосом произнес дед. Его обычный теноровый звуковой диапазон сместился на октаву выше. Я испугался, что его хватит удар.

— Это все я, дед. Прости. Я во всем виноват. Борька здесь ни при чем, — у меня вдруг прорезалось благородство. Борька от изумления раскрыл рот и беззвучно выругался матом. А потом заявил, что я вру, и что это он, Борька, все устроил. Получалось, что ни я, ни он не виноваты. Или виноваты оба. Пойди разбери.

Дед стал колебаться. Но бабушку не проведешь. Она калач тертый.

— Оба, — твердо сказала она. — Оба пили. А теперь оба врете. Один не может выпить столько вина.

Здесь она ошибалась и недооценивала способности внуков.

Но мы молчали, признавая, что, по большому счету, она права. У меня на душе скребли кошки, нет, тигры.

— Ну, вот что, — тембр голоса деда вернулся в его обычный регистр. — Оба собирайтесь домой. Наше терпение лопнуло.

Все было ясно. Говорить было не о чем. Какого черта мы пили это вино? Зачем обидели наших добрых стариков? Только теперь у меня в голове появились столь очевидные вопросы. Слишком поздно. Что сделано, не вернешь.

На вокзал я ехал на том самом старом трамвае, на котором еще недавно с радужными надеждами въезжал в Омск. Ехал молча. Дед Иосиф и дядя Яша были рядом. Но не улыбались, как тогда, в тот праздничный день, а смотрели в сторону и отводили глаза. Мы попрощались, обняв друг друга. Но правильных слов для прощания у меня не нашлось.

Вагон поезда мне не понравился, хотя это был точно такой же вагон, как тот, в котором я ехал в Омск. В нем сильно пахло туалетом. Я лежал на верхней полке и обдумывал произошедшее, испытывая чувство жгучей вины, которое оставалось со мной еще долгие годы, даже после того, как я прошел внутренний процесс полной переделки и стал антиподом себя, тогдашнего подростка, по сути, другим человеком.

На самом деле, что такое вина? Что происходит с человеком, который, вглядываясь в себя в зеркале, произносит Mea Maxima Culpa (разумеется, на своем родном языке)? А происходит осознание того, что ты был источником зла и несправедливости, которые поправить уже нельзя. Даже если тот, кто от этого пострадал, все забыл и тебя простил, память о том, что случилось, остается навсегда. Ее не стереть. Можно либо уговорить себя, что ничего такого не произошло, и продолжать жить как жилось. Либо изменить самого себя так, чтобы зло больше никому не причинять. Это трудный, но верный путь. Так жить легче.

Так прости меня, Господи! Mea Maxima Culpa.

КАРТЫ

Пиковая Дама была страшной картежницей. Она любила штос, а это игра случайных чисел, и от игрока почти ничего не зависит. Носишь ли ты вицмундир и заседаешь в собрании, или на тебе тюремная роба и ты сидишь на шконке, роли не играет и значения не имеет. Вообще-то повесть Пушкина не столько об игре, сколько о том, как она может погубить человеческую жизнь. Дернул же черт Германна играть в этот самый штос. Пострадали трое: старая графиня, молодая Лиза и сам Германн, который сошел с ума. Из-за каких-то трех карт. Нет, я, конечно, упрощаю. Они пострадали из-за страстного желания разбогатеть через карточную игру.

Уж Пушкин-то знал, о чем писал. Он и сам был азартный игрок и проигрывался вдребезги, причем не раз и не два. После смерти поэта царь Николай оплатил его громадные карточные долги из собственной казны. У них были особые отношения. Так что я зря ругаю Германна. Он не был гением, и у него, бедного, не было таких связей.

В карты играли умнейшие люди, «цвет нации», те, кто просвещал весь народ. Играли Пушкин, Достоевский, Толстой и Чехов. Играл в карты и мой отец.

...На маленькой кухне кемеровской квартиры шла большая игра. На голом столе лежал белый лист бумаги, расчерченный для преферанса, самое яркое пятно комнаты, на который падал ровный свет плафона, свисающего с потолка. Сама же комната была заполнена табачным дымом. И к лицам игроков нужно было долго присматриваться, чтобы разглядеть. Их было четверо: два врача и два инженера.

Игроки беспрерывно курили. Дым стелился по полу, проникал под кухонную дверь и уходил дальше, в коридор, образуя густую сизую пелену.

По обыкновению играли в субботу, и игра продолжалась всю ночь. Пользуясь тем, что мама спала, я бесшумно прокрадывался на кухню, вставал за спиной отца и наблюдал.

Отец, как и вышеупомянутые классики литературы, страстно любил игру. И если бы он на чудесной машине времени перенесся в зиму 1856–1857, то непременно сошелся бы с Достоевским, который именно в эти годы проходил ссылку в наших краях. И сидели бы они вместе за столом. И играли бы в штос, вист, винт или преферанс.

У отца была фотографическая память. Звучит невероятно, но он мог воспроизвести газетный текст, например передовицу «Правды», слово в слово после его однократного прочтения. В 15 лет он выиграл чемпионат Омска по шахматам и мог играть вслепую. Наблюдая за партнерами, он быстро схватывал их психологический тип, часто угадывал намерения и внутренним чутьем знал, какие карты у них на руках, реальная игра или блеф. Все это обеспечивало превосходство над менее продвинутыми партнерами при любом раскладе игры. Ошибок оппонентам он не прощал. Когда не шла карта, проигрывал мало. А когда шла, выигрывал по-крупному, иногда целую месячную зарплату за одну ночь. Но играл не из-за денег, а из живого любопытства и азарта. И главным образом, чтобы отойти от напряженной, изматывающей, будничной работы. Именно так он снимал стресс.

Его партнеры, видимо, тоже были незаурядными людьми. Я знал о них мало и пытался понять их достоинства и недостатки по реакции на ход игры. Иногда появлялись новые, совершенно незнакомые персонажи. Но они не задерживались и быстро исчезали. Со временем сложилась постоянная и устойчивая компания. Участники уже давно знали друг друга, и игра представляла собой хорошо слаженный процесс со своим ритуалом и этикетом.

Разлиновка листа для записи результатов поручалось партнеру с самой точной рукой, а сам лист должен был строго отвечать установленному формату. Компанию сильно раздражали неровности и нестыковки линий. Заточка карандашей требовала терпения и занимала время. Это была своего рода разминка перед игрой. Игроки обменивались короткими фразами, шутками, и так создавалась особая атмосфера. Они как бы готовили вкусное блюдо для неторопливого праздничного обеда.

Потом осматривалась и перетасовывалась карточная колода, чтобы убедиться, что в ней не затесались джокер или «младшие карты» от пятерки и ниже, и что карт было ровно 36. Готовилась и запасная колода. Просто на случай, если что-нибудь случится с картами основной, просто на замену. Замена случалась крайне редко. Но наличие запасной колоды требовал этикет, основанный на взаимном уважении партнеров. Потом выбирался сдающий и начиналась игра.

Сдающий «сидел на прикупе», остальные изучали розданные карты, торговались за прикуп, победитель заявлял игру, а потом играли, стараясь набрать как можно больше «взяток», чтобы заявивший игрок их недобрал или, наоборот, набрал как можно больше, играя «мизер». И вот здесь начиналось главное действие. Ходы считались с математической точностью, но иногда оспаривались партнерами, которые «не догоняли» или слишком спешили и делали ошибки в оценке расклада. Азарт раскрепощал, и характеры игроков выбирались на свободу. «Вистующие» и «пасующие» раскладывали карты на столе, и вистующий игрок брал игру на себя.

Отец улыбался. Он видел ситуацию еще до того, как последняя карта партнера укладывалась на стол. И далее элегантно забирал свое, а часто и чужое. А потом с видимым удовольствием делал запись. А когда заявлял игру сам, становился серьезным. Но только на мгновение. И этого было достаточно, чтобы определиться с выбором «сноса» ненужных двух карт и числа заявленных взяток. Он не боялся риска, но и не ввязывался в авантюрный блеф.

Если вы когда-нибудь видели игру шахматных мастеров, то имеете представление о том, как играют эти люди, классные игроки. Наблюдение за такой игрой обогащает, потому что динамика умственного процесса универсальна, и ее принципы одинаково применимы во всех играх и за пределами игр, в нашей повседневной жизни. Поэтому для меня, 13-летнего подростка, наблюдение за этой игрой было интересней любых телевизионных передач футбола и хоккея, которые я страшно любил смотреть. За карточным столом отчетливо проявлялись человеческие способности и эмоции. Здесь не было места позерству. Выигрывал сильнейший, и это происходило немедленно и неотвратимо.

На карточной игре стоит черная метка, «клеймо Миледи», и о ней принято говорить осуждающе: «Играть на деньги неприлично для порядочного человека». Я много раз слышал эту сентенцию от людей строгих правил. Но тогда возникает вопрос: а как быть с Пушкиным? С Толстым, Достоевским, Чеховым? Они что, непорядочные люди? Ну, если это действительно так, то многие из нас были бы не прочь присоединиться к их компании. Я уже не говорю о миллионах людей, играющих в казино. У кого, спрашивается, есть моральное право их судить? Люди платят за удовольствие смотреть пьесу в театре, футбол на стадионе, и точно так же за удовольствие карточной игры.

Так в чем же здесь фишка? А в том, что карточный азарт подобен пристрастию к наркотикам или к вину. И иногда это переходит в болезнь. Проблема Германна была в том, что вся жизнь его была игрой, а игра жизнью.

…Однажды в Коктебеле мне пришлось наблюдать игрока, который толком не знал правил, но сел за карты с матерыми преферансистами и проиграл все. Зрелище было тяжелым. Это был растерянный, отчаявшийся, сломленный человек, который держался за голову и только повторял: «Что я наделал!» Его партнеры скинулись по 5 рублей и отдали ему. Но вместо того, чтобы уйти, он попросился обратно в игру. Хотел отыграться! Его не взяли. Но можно сказать почти наверняка, что он проиграл эти деньги за каким-то другим картежным столом...

Мой отец никогда не играл с новичками. За его столом сидели только мастера. И душераздирающих сцен со стенаниями и заламыванием рук не наблюдалось. Шла относительно ровная игра. Побеждали те, кому везло и шла карта. Это происходило попеременно, и никто не оставался в постоянном проигрыше. Игроки, конечно, радовались победам. Но главное, они получали удовольствие от игры, от самого процесса.

И все бы было хорошо. Но «хорошо» — плод баланса и меры. А вот с этим как раз имелись проблемы. Концентрация дыма в доме была такова, что иногда становилось трудно дышать. А не курить игроки не могли. Игра длилась долго, и они должны были есть. Голод нападал внезапно, и тогда в конце очередной пульки делался короткий перерыв. Иногда партнеры приносили свертки с бутербродами, но чаще нет. Гостеприимный отец открывал холодильник, который безжалостно опустошался. Съедалось все, что мама приготавливала на неделю.

А потом наступала расплата. Начинался грандиозный скандал, и отцу предъявлялись вполне справедливые упреки, на которые было нечего возразить. Да он и сам был не рад. Но ничего с этим поделать не мог. Туман карточных баталий рассеивался. Оставался въедливый запах табачного дыма и пустой холодильник. Наступало голодное воскресное утро. Семье было нечего есть. И маме приходилось бежать в магазин и готовить еду, на что уходил весь день.

Так было и на этот раз.

— Боря, ты опять не спал всю ночь?! — обратилась она ко мне. — И следом разбудила отца:

— Гриша! Опять?! Ребенок не спал всю ночь!

— Мама! Я уже не ребенок. Мне 13!

— Все! — решительно сказала мама. — Так больше не будет. Никогда. Я подаю на развод.

Карты сделали свое черное дело. Они погубили Германна. Они разрушили и нашу семью. Но отношения между родителями сохранились. Просто отец стал жить отдельно. Оба сильно переживали, продолжая любить друг друга. Но, к сожалению, для них было лучше любить издалека.

Я безмерно благодарен отцу. Он многое для меня сделал и многому научил. Он именно учил, а не поучал и всегда приходил на помощь в трудные минуты, не ожидая, когда я его позову. Среди прочего научил и логике карточной игры.

Но заядлым картежником я не стал. Так сложилось, что для игр не было условий и времени. А потом пропал азарт. И теперь, когда выпадает случай, а он выпадает крайне редко, я больше люблю смотреть, как играют другие.

ЙОРИК

Однажды, возвращаясь домой в компании соседа и приятеля Валеры Ф, возле самого подъезда на краю лужи, натекающей из неплотно закрытого пожарного крана, я нашел странного зверька. Он был маленьким и походил на мышонка с хвостиком-запятой, розовой кожицей, треугольными ушками, прозрачными вибрисами и лапками с совершенно игрушечными коготками. Его глазки были закрыты, и я подумал, что он мертвый.

— Смотри. Мертвый мышонок.

В эту минуту зверек стал отрывать и закрывать свой игрушечный ротик и оказалось, что он живой.

— Похож на котенка, — заметил Валера и, перевернув зверька пальцем на моей ладони, добавил: — Точно кот. Только что родился.

— От кого? — машинально спросил я.

— От тети Дуни. — Валера покрутил пальцем у виска. — Ты че, не знаешь, от кого рождаются коты?

— Да знаю я от кого.

— Ну и от кого?

— От кошек. А этот ничей, бездомный.

— Похоже, так... Да выброси ты его на хрен. Все равно помрет.

— Ну нет. Он же живой! — сказал я и понес котенка домой.

Мы жили на четвертом этаже, и пока я шел, придумывал ему имя. Ни одно не подходило, не соответствовало, не вязалось. И когда я открывал входную дверь, котенок все еще оставался безымянным. Но я к нему уже привязался. И твердо решил, что он мой. Уже не помню почему, но школы в тот день не было. А мама, как всегда, работала допоздна. Так что, по крайней мере до ее прихода, вопрос был решен.

Я пробовал поить котенка молоком из чайной ложки, но она была для него слишком большой. Котенок захлебывался и не мог пить. А может быть, не мог пить, потому что был очень слабым. Тогда я накапал молоко своим пальцем ему прямо в рот, и кое-что попало вовнутрь. Нашелся кусок бинта. И, орудуя ножницами, я смастерил кроватку. Котенок лежал в ней на пороге кухни, а я его рассматривал. Лежал неподвижно. «Наверно, устал от кормления. — Подумал я. — Ну, пусть поспит». И ушел в спальню смотреть телевизор.

А в это время по телевизору показывали «Гамлета». Главного героя играл Иннокентий Смоктуновский. Я этот фильм страшно любил. Переживал за Принца, ненавидел Короля и Королеву, жалел Офелию и восторгался музыкой Прокофьева. Она бередила душу. Гамлет и Горацио наблюдали за работой могильщиков. А те буднично и равнодушно рыли землю для новых похорон, разбрасывая по сторонам кости прежнего покойника, и несли страшную чушь, не вдаваясь в смысл своей работы. А это была могила шута, того, кто ещё недавно был любимцем общества и веселил весь королевский двор. Знаменитый монолог о смысле жизни был ещё впереди. Именно в этот момент родилось имя моего котенка. Он стал Йориком, о чем я решил ему немедленно сообщить.

Котенок лежал в своей кроватке на пороге кухни в той же позе и не дышал. Он был мертв. Мне было жаль моего бедного Йорика. Я держал его в своей ладони, а в это время Гамлет держал в своей руке череп Йорика-шута, и мы оба скорбели над нашей утратой.

Его следовало похоронить. С королевскими почестями. Я обставил кроватку спичными коробками. На них встали на караул оловянные солдатики, а по уголкам поместились спиртовые таблетки. Я их зажёг, отдал честь, и с чувством исполненного долга ушел досматривать фильм.

Тело Гамлета несли четыре капитана, горели факелы, звучал траурный марш Прокофьева и пахло дымом. Пошли последние титры, а дымом пахло все сильнее. Теперь запах гари и дыма заполнял все пространство квартиры. Я очнулся от наркотического эффекта киноискусства, выскочил в коридор и увидел пламя на пороге кухни. Горел пол, и огонь приближался к табурету и связке репчатого лука, свисавшей с крючка на стене.

Огонь удалось потушить пятью вёдрами воды. Теперь вместо пожара на кухне было маленькое наводнение, и везде стоял дым. Я открыл окна, и дым ушел наружу. Но запах гари остался. Я собирал воду тряпкой, выжимал в ведро и выливал в унитаз. Собирал и выливал. Раз за разом. И вода убывала. Я торопился: скоро должна была вернуться с работы мама.

Вместе с водой в унитаз отправился обгоревший скелетик Йорика. Это было кощунство и позор. На душе скреблись кошки. Перед тем как дернуть ручку слива, я произнес речь. Нет, это не были слова из шекспировских сонетов или монолог Гамлета. Все было проще. Я обещал его помнить. И обещание это сдержал.

БУТСЫ

В пионерском лагере я был однажды, только не могу вспомнить когда. Жизнь в детстве не привязана к календарю. Где-то после 5-го или 6-го класса, когда уже летали космонавты, у нас в доме был черно-белый телевизор, а по радио целыми днями говорили про кукурузу (или только перестали о ней говорить). Я был забубённым пионером, носил школьную форму с красным галстуком и мечтал о комсомольском значке. Но учился неважно и хорошим поведением не отличался. Меня часто ругали учителя, а маму вызывали то к завучу, то к самому директору. И мне после этих визитов крепко доставалось. Мама с горя и отчаяния лупила меня по заднице ремнем, а потом плакала от жалости. И мне ее было жалко. Потому что я ее сильно любил.

Мне не нравилась дисциплина, было тесно в школе и просторно во дворе. Там были приятели, городки, прятки по подвалам и чердакам, игра на мелочь в «чику с составом» и «очко» на щелбаны, цигарки из тополиных листьев, дегустация портвейна 777 из фугасных бутылок толстого стекла и стычки с пацанами из соседнего двора. Почему «мы», жившие в доме 2А по улице Орджоникидзе, воевали с «ними», жившими в соседнем доме № 4, точно не могу сказать, но, думаю, из куража. Мы ходили в одну школу, а с некоторыми в один класс. Как говорил Портос из моей любимой в детстве книги Александра Дюма: «Я дерусь потому, что дерусь!» А синяки, фингалы, сломанные носы и выбитые зубы в нашем кругу считались боевыми наградами.

И вот на фоне этого праздника жизни я угодил в пионерский лагерь. Вообще-то, люди с нормальной головой на плечах в какие бы там ни было лагеря по собственной воле не попадают. Но в те годы я жил просто и социальными категориями не заморачивался. Мне говорили, что здесь хорошо: ничего делать не надо, можно ходить в походы, жечь костры, ловить рыбу, плавать в реке, собирать грибы. Просто молочные реки и кисельные берега. И я соблазнился.

На самом деле лагерная жизнь оказалась устроена иначе. А если точнее, в полном противоречии с моим здравым смыслом. Никакой свободы, сплошной распорядок и дисциплина. Подъем, зарядка, утренняя линейка, какие-то дурацкие кружки, полдник, сон-час, обед, пионерские митинги, ужин, концерты самодеятельности, вечерняя линейка и отбой. И всюду идешь строем. «Приплыл, дубина стоеросовая и осиновая!» — злился я на себя. Однако жаловаться было некому.

Тогда я прикинулся больным и наврал врачу про понос. Ничего хорошего из этого не вышло. Оказалось, что в лагере понос — дело не столько личное, сколько общественное. Меня поместили в изолятор, где я лежал один-одинёшенек в большой палате среди железных, туго заправленных синими заношенными одеялами пустых коек, мечтая о воле и горячей еде. Три раза в день мне мерили мою нормальную температуру и закрывали на ночь на замок, выключая свет.

На второй день в палату подселили какую-то девчонку из старшего отряда, которую я не замечал до самого закрытия изолятора на ночь. Обдумывая план побега, я потихоньку отколупывал засохшую краску с нижнего шпингалета окна над моей кроватью. К вечеру шпингалет стал поддаваться и в конце концов выскочил из защелки. Я забрался на подоконник продолжить работу и на цыпочках дотянулся до верхнего шпингалета.

— Что ты там делаешь? — спросил девичий голос за моей спиной. Я вздрогнул от неожиданности и уронил гвоздик.

— Ты кто? — осторожно спросил я.

— Я Галя. Мы уже сегодня знакомились. Ты что там делаешь? — повторила она.

— Ничего. Хочу окно открыть.
— А зачем?
— Да так.
— Ничего у тебя с «да так» не получится. Там снаружи решетка.

Я осматривал окно, досадовал и ругал себя за недомыслие, за то, что я такой тупой и поэтому меня не примут в комсомол. А когда повернулся — совершенно голая Галя стояла напротив и смотрела на меня в упор.

У нее была большая грудь с маленькими розовыми сосками и густые волосы внизу живота. Такого зрелища я еще не видел. Я замер, стоя на кровати в своих длинных черных трусах напротив этого красивого тела, и смотрел на нее не отрываясь. А она, загадочно улыбаясь, рассматривала меня.

— Слушай, — сказала Галя, — давай лучше трахаться.
— Как? — механически ответил я.
— Да как хочешь! — Галя оттянула резинку моих трусов. Мне стало стыдно, и я оттолкнул руку, нечаянно коснувшись ее груди.
— А ты умеешь? — насмешливо спросила она. И тут мне на помощь пришел сам Бог, который моим голосом ответил:
— Умею, но сейчас не хочу.
— Ну и дурак! — Галя стала медленно удаляться и растаяла в темноте.

Я долго не мог уснуть, а Галя постанывала в своей кровати. Я прислушивался, пытаясь понять, ей плохо или хорошо. А потом стало тихо до утра.

Утром после обхода врача меня выпустили на волю. Больше я лагерному режиму решил не сопротивляться. И как-то понемногу привык к распорядку. И даже полюбил сидение у костра и кисель в столовой. Мне стало нравиться смотреть на девчонок, на всех без исключения. В них скрывалось нечто волнующее. Я не особенно понимал, что с этим делать. Но сопоставляя «нас» и «их», начинал о многом догадываться и даже действовать. Вплоть до попыток подсматривать за ними в бане, а при случае изучать определенные детали на ощупь. Происходило интуитивное познание неизведанного. Наверное, такие же чувства испытывал Колумб, открывая новый континент. Это позднее, когда я перестал валять дурака и стал читать умные книги, мне стало все ясно. Как там у Гете? «Быть только чертом без чертовок не стоило бы ни черта». Какая чертовски точная мысль! Вот это был поэт! Но о Гете как-нибудь потом.

А сейчас о главном.
Гвоздем сезона, о котором говорили все, был футбольный матч с соседним лагерем. В футбол, как все нормальные пацаны, я играл с большим азартом, болел за наш «Химик», который потом назвали «Кузбассом», и, как мой отец, за московский «Спартак». Мечтал стать знаменитым футболистом. Как Никита Симонян. А тут такой случай. Матч сезона!
За день до игры я, точно резвый бесхвостый щенок, бегал туда-сюда по кромке футбольного поля, покрытого чахлой травой с рыжими пролысинами сухой земли и глины, в своих старых матерчатых тапочках. А там тренировались пацаны, отобранные в нашу лагерную команду. На них были белые майки, черные трусы, а на некоторых — настоящие бутсы.
За ними наблюдал лагерный физрук, хмурый, приземистый человек в ватной фуфайке. И еще двое: старший вожатый, высокий парень с подвижным прыщавым лицом и незнакомый лысый человек в синей футболке, военном галифе и кедах. В его левой руке была сетка с бутылками «Жигулей», а правая держала черные бутсы за шнурки и раскачивала их, как маятник.
Какой-то мощный магнит притянул меня к ним. Я подошел и встал рядом.
— Ты кто? — хрипло спросил физрук не оборачиваясь.
— Шестой отряд.

— У тебя должен быть мертвый час, а ты болтаешься где попало. По жопе захотел?

— Нет, по жопе я не хочу.— Прозвучало это как-то неуверенно и почему-то развеселило всех троих.

— По жопе не хочет,— съехидничал физрук.— Ну а че ты хочешь, шестой отряд, какао за нарушение дисциплины?

— Я могу сыграть нападающим на правом крае,— услышал я свой голос.

— А я могу сыграть на мандолине,— сказал лысый и они опять засмеялись.— Иди отсюда, малой!

— Я играю за «Спартак».

— Ты че, пацан, несешь? Какой «Спартак»? «Спартак» в Москве.

— Я за детский «Спартак» в Кемерове играю. А потом и за взрослый буду, который в Москве.

Все трое уставились на меня, а я на бутсы в руке лысого, которые теперь повисли без движения во всей своей красе. Лысый сморщился и ехидно улыбнулся.

— Врешь. В Кемерово, бл*, такой команды нет. Есть «Кузбасс» и все. А «Спартака» нет.

— Так это новая детская команда при «Кузбассе».

— А кто тренер?

— Виталий Раздаев,— вдохновенно врал я, удивляясь самому себе.

Все трое переглянулись. Раздаев был знаменитостью. Лучший бомбардир первой лиги. Имел народную кличку «Бригадир» и звание Почетного гражданина города, играл центральным нападающим в «Химике», потом в «Кузбассе» и даже (правда, не долго, только полсезона) в ЦСКА. Его фотография висела в нашей школе, где также хранился подписанный им мяч.

— Как твоя фамилия?— спросил вожатый.

— Найдич, Борис.

— А-а-а! Хаймович, значит. Хаймовичи, Рабиновичи в футбол не играют. Такие, бл*, больше шахматами забавляются,— сказал лысый. Они дружно захохотали. Им было смешно. А мне нет. Я был «таким», и они забавлялись надо мною.

— Шахматы — хорошая игра, — ответил я. — Но в футбол играть веселее.

— Это ты сказал правильно! — веско и уважительно произнес физрук. — Вот что, шестой отряд. Придешь завтра на игру. Может, это, поставим на замену. Бутсы есть?

— Дома оставил, — скороговоркой пробормотал я. — Уж врать, так врать до конца. Чего уж там.

Так и сказал. Вырвалось. Я схватился за голову. Солнце спряталось за облако, а галки удивленно замолкли не зная, что теперь делать. Но то ли эта троица отвлеклась на крики футболистов, то ли они не стали вникать в звуки невнятной речи, то ли не поверили тому, что слышат, но ни угроз получить по жопе, ни грома-молний, ни землетрясения не случилось. Надо мной по-прежнему голубело небо, а на футбольном поле продолжала расти трава среди пролысин пересохшей земли.

— Завхоз, — обратился к лысому физрук, — выдай этому Спартаку Хаймовичу бутсы. Вернет тебе лично после игры. Плохо сыграет, получит по жопе. И дело с концом.

Я нес бутсы как самый дорогой трофей. Это был парад моей краткой славы. Славы футбольного игрока. Не Никиты Симоняна, но все же… На меня смотрели все, или мне так просто казалось. Неважно. Важно то, что я был в сборной и у меня были настоящие бутсы. Я их носил до самой ночи и в них спал.

А на следующий день была игра, которая закончилась со счетом 1:1. На поле я вышел на самой последней минуте, и мне так и не довелось коснуться мяча. Как потом на линейке в своей гневной проповеди пояснил физрук, рванув пуговицы фуфайки, по слухам перешедшей к нему от деда как фронтовое наследство: «Байки про «победила дружба» — фуфло. Ничьи в спорте не бывает. Не выиграл — значит проиграл!»

Превозмогая тяжесть в душе и теле, я нес мои дорогие бутсы на склад, тесно прижимая их к груди. Завхоз принял драгоценность, одарив меня взглядом, полным неописуемого презрения, и не глядя забросил на полку со всякой всячиной и пустыми бутылками. Они зазвенели, а одна скатилась с полки и разбилась.

— Вали отсюда, Хаймович, — сказал он тихо, но грозно, отвешивая каждое слово. Наверное, желал, чтобы я хорошо понял содержание сказанного.

— Я Найдич, Борис, шестой отряд.

— А какая, бл*, разница? — возмутился он. — Найдич, Хаймович, Абрамович. Вы там все, бл*, за Спартак играете. В шахматы.

— Козел ты бесчувственный, завхоз! — сказал я. Кажется вслух, а может быть про себя. Стало грустно и обидно. Навернулись слезы. Я бросил последний, долгий и горький взгляд на уже не мои бутсы, повернулся и ушел куда глаза глядят. Шел долго. Брел наугад. Но, как слепой мул безошибочно находит свой путь в стойло, в темноте ночи я вернулся в шестой отряд.

А потом был шахматный турнир. Я разделил первое-второе место со своим приятелем Сашкой Хаймовичем. Даю честное слово, разделил. Но утешение было слабое. Потому что футбол я люблю больше, а с ним не сложилось. Правильно сказал физрук. Ничьи в спорте не бывает. И если ты не выиграл, то проиграл. Точка и конец истории.

ЯРОСТЬ

Шел урок литературы. Его вела Софья Павловна С. Ее я уважал. Любил русскую литературу, а вот предмет не очень.

Нас обучали методом социалистического реализма. Если коротко подытожить, от учеников требовалось, чтобы они выражали не свои мысли, а взгляды партии на творчество писателей и поэтов, включенных в учебную программу. А взгляды эти были целиком и полностью направлены на прославление коммунистических идей и советского образа жизни. От установок партии было лучше не уклоняться. Иначе тебя могли неверно (или верно) истолковать, и сожрать со всеми потрохами. Правда, в середине шестидесятых школьные порядки были относительно терпимыми. За *неправильные слова* не расстреливали, не сажали, а просто снижали оценки. Но от оценок в немалой степени зависело наше будущее.

Применение этого метода в отношении классиков литературы осложнялось тем, что они в Октябрьской революции непосредственного участия не принимали, патроны для кронштадтских матросов, штурмующих Зимний дворец, не подвозили и с ними вина из царских погребов не распивали. И даже не участвовали в декабрьском восстании 1825 года. Но нам доходчиво объясняли, что все они, включая Пушкина, Грибоедова, Гоголя и Толстого, разделяли свободолюбивые идеалы декабристов, а значит, в душе были революционерами.

Идеология идеологией, но все же произведения классиков мы читали и понимали каждый по-своему. А на уроках литературы нас учили выбирать правильные слова, или, используя язык улицы, «следить за базаром».

К чему это долгое отступление, которое прямого отношения к дальнейшим событиям не имеет? Во-первых, хочется поделиться мыслями о том, как нам в школе преподавали предмет литературы. Ну а во-вторых, именно на этом самом уроке и приключилась история, послужившая темой этого рассказа.

…Сидел я на третьей парте в среднем ряду, слушал про Чацкого и думал: «А что можно написать об этом в сочинении, чтобы не оказаться в дураках или умниках». Неожиданно мне сзади передали записку. Я открыл. В ней было крупно написано одно слово: ЖИД.

Правильно поется в песне, под которую наши люди шли со штыками на фашистские танки: «Пусть ярость благородная вскипает как волна». Именно так погиб мой дядя под Кандалакшей на Ленинградском фронте зимой 1941–1942. Заявляю от первого лица, что оскорбление по этническому признаку тоже вскипает как волна и плавит мозг.

Я обернулся. Четыре парты позади меня сидел Валерий Г, который улыбался и указывал на себя пальцем. «Это ты написал?» — хриплым баритоном, переходящим в бас, спросил я. Г довольно закивал. Он улыбался, ему было весело. Я молча встал, засунул записку в карман брюк, повернулся, подошел к парте Г и начал его колотить. Он не ожидал. И даже не успел подняться. Только безуспешно закрывал лицо. Какое-то время все это происходило молча. Софья Павловна писала что-то на доске и продолжала говорить про «Горе от ума». А потом поднялся шум. Кто-то кричал, призывая остановить бой, кто-то свистел. Г издавал громкие звуки невнятной матерной речи, что-то связанное с моей мамой. И все пытался встать. За упоминание мамы я стал его бить еще сильней.

Бедная учительница растерялась. А потом перешла на крик: «Прекратите! Перестаньте! Немедленно выйдите из класса!! Оба!!!» В моей голове ударил гонг. Я израсходовал силы и остановился.

«В следующий раз убью. С*ка фашистская, понял?» — я обращался к Валерке. — «В тюрьму сяду, но прибью!» И вышел из класса. А он остался.

Подошла Софья Павловна и спросила: «Ты что, Боря? Что случилось?»

Я молча показал записку. Софья Павловна была той же крови, что и я. Она побледнела. «Еще этого нам не хватало. Ладно, иди домой. Разберемся», — тихо сказала она, забрала записку и вернулась в класс.

Разобрались. И это «щекотливое» дело замяли, что называется, «замели под ковер». И оно на дальнейший ход моей школьной жизни особенно не повлияло. Разве что повысило авторитет у пацанов. Г стал меня избегать. Его физиономия заживала долго. И он ходил опухший, с синяками. У него был сломан нос.

На следующий день на кухне нашей квартиры дома 2А по улице Орджоникидзе семья держала совет. На повестке стоял «еврейский вопрос» и разбор моего «полета». Присутствовали: мама, отец и я. Отсутствовали: дед Иосиф и бабушка Стася. Старики переехали к нам из Омска после развода родителей, чтобы помочь маме. Они много повидали на своем веку. Поэтому было решено их поберечь и к обсуждению инцидента в школе не привлекать. В их спальне громко работал телевизор. Председательствовал отец. Он чиркнул спичкой, раскурил папиросу «Казбек» и перешел к делу.

— Ну, что там случилось в школе? Расскажи вкратце обо всем в мельчайших подробностях. Только не надо о Пушкине. Мы все знаем, что ты его любишь.

— Мы разбирали Грибоедова. Монолог Чацкого.

— Дальше.

— Ну и эта с*ка Г прислал записку. Назвал меня жидом. И я ему прямо в классе набил морду и сломал нос. Жалко, не убил.

— Смотри какой ты кровожадный…, — как мне показалось, чуть ли не довольным тоном протянул отец и выпустил большое облако папиросного дыма.

— Это не кровожадность, бать. Он оскорбил меня, маму, всех нас. За это полагается месть. Помнишь, как у Пушкина в «Выстреле».

— Сынок, я тебя уже просил. Оставь Пушкина в покое!

— Ты бы хоть с нами сначала поговорил, — вступила в разговор мама.

— Ну да, я должен был сказать: «Валера, дорогой ты мой! Я сейчас пойду и поговорю с мамой, а потом вернусь и набью тебе морду, хорошо? Ты только подожди. Никуда не уходи».

— Подожди, Соня, — отец прикурил потухшую папиросу, — скажи, Боря, и часто на тебя находит ярость? — спросил отец.

— Нет, не часто. Всего пару раз. По той же причине.

— Ну, поделись.

— Я недавно во дворе набил морду Борьке Б, который меня жидом обозвал. Тоже нос сломал. Он, гад в 9Б учится. У него отец-артист в оперетте. Наверное, такая же с*ка, как и сын.

— Ну, про его отца ты, положим, не знаешь, и обзывать его походя не надо. А свидетели драки есть?

— Да все пацаны во дворе! Все слышали, как он меня оскорблял! А чтобы ты на моем месте сделал?

— Всего 2 эпизода за всю школу. — После долгой паузы задумчиво произнес отец. — Редкая удача. Могло быть гораздо хуже.

Я недоумевал. Что это за подсчеты такие?

— Какая такая редкая удача? Ты это о чем?

— О том, как устроен мир. Нет в нем всеобщей любви, сынок. Много ненависти и несправедливости. Особенно к евреям. Даже к тем, кто наизнанку русский. Смотри, ты еврей по документам. А что в тебе еврейского? Только наследственность и есть. Так вот, евреев не любят не потому, что есть особая на это причина. А потому, что ненависть для многих есть жизненная необходимость. Так они защищают свое самолюбие. Называя азиатов «чурками», украинцев — «хохлами», а евреев — «жидами», эти люди убеждают себя в том, что они лучше и умнее других. И при этом полагают, что от тех, кто на них не похож, исходит угроза. Они чужие, враги. Это называется шовинизмом. И их ненависть отталкивает, вызывает реакцию. Или, как ты говоришь, ярость. Ты следуешь за моей мыслью?

Я следовал.

— Нужно помнить одну важную вещь: далеко не все кругом антисемиты. Я, лично, считаю, что таких меньшинство. Не знаю, какая здесь пропорция, и сколько ты встретишь злостных антисемитов на своем пути, но пока тебе везет. Всего 2 случая за девять лет школы. Вот о какой удаче идет речь. Ты меня понимаешь?

Я понимал.

— Так что же мне делать?

— Хороший вопрос! Можно сказать философский. Ты «Гамлета» читал?

— Фильм смотрел.

— А ты понял в чем там суть.

— Да. Быть и бороться.

— Правильно! Именно так. Но бороться надо с умом. Иначе кончишь как Гамлет. Быть — значит жить и выживать. Ты вникаешь в то, что я говорю.

Я вникал.

— «Ярость благородная», как в случае с Гамлетом, тебя ни к чему хорошему не приведёт. Драка, как я себе представляю, процесс двусторонний. Правильно? Так что, в следующий раз нос могут сломать тебе, или сильно покалечить, или убить. А можешь и в тюрьму сесть, что гораздо хуже. Ты это понимаешь?

Я понимал. Но молчал, ожидая продолжения.

— Я говорю о другом методе борьбы за выживание. Он, конечно, не исключает прямой конфликт. Но действовать нужно с умом, считая риски, с наибольшим эффектом и пользой.

— Это как? Тебя публично оскорбляют и унижают, а ты берешь калькулятор и считаешь варианты?

— Конечно нет. Реагировать надо. Но с холодной головой. Понятно? Умный почти всегда побеждает. А человек, охваченный слепой яростью, почти всегда в проигрыше... Ладно. Хватит о грустном. Как у тебя там с девочками?

Тут мама молча подошла к отцу и его поцеловала. Растроганный отец ушел, не дождавшись ответа на свой вопрос и даже не попрощавшись. Они были в разводе, и это было тяжело для них обоих. И так же для меня.

Я продолжал думать о том, что говорил отец. Понятное дело, он и мама хотели, чтобы я жил спокойно и не рисковал. Но как можно не ответить на оскорбление? Какая холодная голова, когда кипит ярость? Раньше вызывали на дуэль на пистолетах. А сейчас на пистолетах нельзя. Значит, остаются кулаки. Не набей я морды этим с*кам Г и Б, они бы меня затравили, а пацаны бы перестали уважать. Но, с другой стороны, может быть отец в чем-то и прав. Ведь даже в уличной драке нужны хладнокровие и расчет. Мог бы, например, набить ему морду не в классе, а после урока в честном поединке.

И вскоре мне представился пример, подтверждающий его правоту. Мы с группой одноклассников расположились у кабинета литературы и ожидали начала урока. Рядом стоял человек-энигма. Мы учились вместе почти 5 лет, но никто из одноклассников его не знал. Юра К был из простой семьи. Отец — рабочий, мать — домохозяйка, один старший брат, и это все. Он был троечник, ни в каких школьных делах не замечен, молчалив, но приветлив. Он вроде и был, но никто его не замечал. Идеальный кандидат для работы в разведке.

Вот, стоим мы в коридоре, Г и парочка его друзей отдельно, остальные пацаны вместе, и видим идущего к нам Сережку «Короля», сына нашей любимейшей учительницы по математике Евдокии Васильевны К и жуткого хулигана. Слово «жуткий» было придумано предками специально для него. Он был псих, который никого и ничего не боялся, всех задирал, имел многочисленные приводы в милицию и считался исключительно опасным в драке даже для опытных уличных бойцов. И вот, этот самый Король ускоряет шаг, направляется прямиком к нашей кучке, бросается на Юру, хватает за грудки и вытаскивает на средину.

А дальше происходит «Севильская коррида», где в роли быка выступает Король, а тореадора — наш незаметный одноклассник. Мы замираем, и в изумлении, не дыша смотрим шоу, где из Короля на виду у всей школы изготавливается шницель с жареным картофелем. Такое впечатление, что Король разучился ходить и при любой попытке встать немедленно падал на пол. Но нет никакой крови, шума и суматохи. Нет, мы наблюдаем не бой, а показательное выступление. Король старается изо всех сил. С его лба течет пот. А Юра танцует в стиле танго с этим ужасным быком и щекочет его жабры. Появляется учительница Софья Павловна. Но и она, хорошо знакомая с историей Короля, замирает и, как зачарованная, смотрит на арену. Раздается звонок. И здесь происходит нечто выходящее за рамки возможного. Юра протягивает руку Королю, а тот растерянно руку принимает и медленно встает с пола бледный, как мел для классной доски.

— Слышь, Сергей. Давай по-хорошему. И все будет путем. — Сказал Юра спокойным и ровным голосом, стряхивая невидимые пылинки со своего пиджака. Он спокойно дышал, и не было ни малейших признаков напряжения, усталости, ничего что нормально происходит с человеком на пике занятия спортом или тяжёлым трудом. Король тихо исчез. И больше королевских боев мы в школе не видели.

— Вот так примерно чашки точат. — Юра подмигнул, когда проходил мимо, направляясь в класс, и растворился в своем обычном неприсутствии. Поздравлений от пацанов он не принимал и на расспросы о том, почему на него напал Король, и где он научился боевым искусствам, однозначно отвечал: «Да чего там. Так получилось».

Юра наглядно показал, что конфликт можно действительно решить менее кровавым способом. Конечно, если у тебя такой способ есть. А если нет? Что делать тогда?.. Проклятый вопрос «что делать», на который у каждого есть свой ответ.

Важно, готов ли ты постоять за справедливость. Ведь существует предел, за которым бессильны разум, логика и здравый смысл. И когда попраны твое достоинство и вера, когда неумолимо надвигается угроза тебе, твоей семье, твоему народу и твоей стране, остается один выход: ярость.

ХВОСТ

Мне нравилось сибирское лето. Нравилось за его щедрую цветовую палитру, особенные зеленые и голубые краски, долгие теплые дни, когда, наконец, жители города снимали шапки, косынки, шляпы, пальто, плащи, тяжелую межсезонную обувь и надевали легкие одежды, сандалии, туфли, и активная жизнь природы возрождалась из затяжного черно-белого, сырого и холодного зимнего забытья. Когда женщины хорошели в платьях, соблазнительно облегающих их фигуры, а мужчины в рубахах навыпуск с короткими рукавами, выставляли напоказ свои мускулистые руки и выпятившуюся грудь. Они, как обычно, шли по своим делам, но не глядя под ноги, а с высоко поднятой головой, бросая любопытствующие взгляды на особи противоположного пола и замедляя ход, когда объект осмотра радовал глаз.

Но еще больше я любил лето потому, что не надо было ходить в школу.

В прошлом году на каникулах я болтался без дела, когда выпадал случай, играл в дворовый футбол, а иногда отправлялся на обмелевшую речку Томь поплавать и просто поглазеть на рыбаков. В моей голове царил приятный беспорядок, была свобода, я ни за что и ни перед кем не отвечал. Тогда только зарождалось смутное чувство, что время уходит без пользы и следа. Иногда на душе скребли кошки, и какой-то чужой, надоедливый голос настойчиво требовал, чтобы я шел домой и читал книги, или записался в судомодельный и шахматный кружок, или совершил что-нибудь такое, чтобы об этом написали в газетах. Но такие мысли приходили редко и тут же сменялись радостью безмятежного бытия.

В мае 1964-го я был ярым анархистом. Не в понимании Бакунина, о существовании которого не имел тогда

представления, а в самом бытовом смысле этого слова. Я с нетерпением ожидал последнего учебного дня и прихода светлого будущего. Оно было уже почти здесь и наступало в ближайшую субботу, до которой оставалось каких-то три дня, если не считать оставшейся половины сегодняшнего вторника. А половину, разумеется, не следовало считать. И так же глупо было терять время на домашние задания.

...Швырнув портфель на пол у самой двери, я прошел на кухню, чтобы достать из холодильника какой-нибудь корм, поесть на ходу и побежать во двор. Но тут раздался телефонный звонок. Это была мама. «Приходи скорее. Не пожалеешь», — сказала она и положила трубку.

Мама работала рентгенологом в городской больнице на улице Николая Островского, от нашего дома — рукой подать. Я колебался, идти или не идти. Потому, что душа звала во двор. Но мама звонила домой редко, а на ее работе я был мельком, да и то только один раз. И заканчивая бутылку молока и батон, я решил пойти, «отметиться» и быстро вернуться во двор. И мне хорошо, и маме приятно.

В те годы я все делал бегом и уже через 10 минут был в коридоре отделения рентгенологии. Там собралась толпа людей, и было довольно шумно. Я зашел в мамин кабинет. «Хорошо, что ты здесь. Не опоздал! — обрадовалась она и надела на меня медицинский халат, а потом сняла — ей не понравилось, как он на мне сидит. — Ладно, обойдёмся без халата. Будешь носить, когда станешь врачом».

Пока я удивлялся, почему это она решила, что я буду врачом, в кабинет вошла лаборантка Маша и торжественно объявила: «Он приехал!»

— Кто приехал? — спросил я.

— Он! — выдохнула Маша. Ее широко открытые глаза выражали полный восторг.

— Иди за мной. Его руками не трогать! — скомандовала мама, и мы пошли в рентгеновский кабинет...

И там был он, самый настоящий, громадный, рыже-полосатый бенгальский тигр. Он лежал на полу, занимая половину всего кабинетного пространства. У тигра были большие острые желтые клыки и длиннющий язык, который свешивался почти до пола, и с него капала вязкая слюна. Тигр тихо рычал, и этот рык походил на человеческий стон. От него пахло ареной цирка, на которой мочу засыпают сырыми опилками. А рядом на коленях стояла черноволосая красавица в черном платье и гладила зверя по голове. Над ней возвышался вальяжный, светло-русый человек в тонком свитере и замшевом пиджаке. Он держал тигра на поводке.

Я их сразу узнал и не мог поверить своим глазам. Передо мной были знаменитейшие артисты советского кино и цирка Маргарита Назарова и Константин Константиновский. А значит, тигром был не кто иной, как сам Пурш из кинофильма «Полосатый рейс». Сказать, что мне нравился «Полосатый рейс» — так это вообще ничего не сказать. Это была моя любимейшая кинокомедия.

— Вот это да! Мама родная!! Да это сам Пурш!!! — вырвался из моего горла крик души.

— Тише, — зашептала мама. — Смотри молча и не мешай работать.

— Да, это Пурш. — Маргарита Назарова посмотрела на меня. На ее лице появилась еле заметная грустная улыбка. — Он болен. Ему нужен рентген. — И улыбка тут же погасла.

Для рентгена желудка требовался барий, а Пурш отказывался его пить. Я ему страшно сочувствовал. Этот барий — ужасная дрянь. И как его здоровый на голову человек или тигр может пить, совершенно непонятно. Я бы тоже не смог. Но кто-то предложил выход, и скоро в отделение привезли целый ящик брикетного мороженого. Лаборанты долго разворачивали брикеты, наполняя мороженым большой поднос, а потом долго детской лопаточкой мешали его с барием и долго ждали, когда оно растает. Пурш его немного полизал и недовольно зарычал.

— Он ничего не ест уже два дня. — Маргарита вытирала слезы.

Да, нужно было сильно болеть, чтобы не есть мороженое. Вот если бы я был тигром, то слопал бы всю коробку.

Рентген в те годы делался в темноте, потому что изображение на экране было слабым, а усилителей еще не придумали. Это называлось адаптацией. Мы сидели молча и прислушивались к рычанию тигра. Постепенно из темноты рентгеновского кабинета проступили контуры предметов. И мама включила аппарат. Пурш лежал на столе и стонал, когда мама нажимала на его желудок. Хвост ходил туда-сюда с возрастающим беспокойством и вдруг с силой ударил лаборантку Машу по голове. Она упала, а когда поднялась, к тигру подходить отказалась.

В кабинете возникло замешательство. Дрессировщики были на другой стороне стола, там, где находилась голова Пурша. А добровольцев держать хвост как-то не находилось. И тут наступил мой звездный час. Я поймал тигриный хвост и уверенно сказал:

— Держу!

— Только осторожно! Он сильный, — в унисон сказали мама и Маргарита.

И на самом деле, тигриный хвост пружинил и извивался, как змея. Его приходилось удерживать обеими руками. Мне это как-то удалось. Пурш смирился, хвост ослабел и повис. А я осмелел. И стал держать его одной левой рукой, а правой гладить тигра по спине, шершавой и жесткой, как плотный плюш. За это я получил окрик от мамы: «Держи хвост крепко и двумя руками! Иначе прогоню!» Она хорошо видела в темноте. Мне ни за что не хотелось отлучаться от Пурша, и я немедленно подчинился.

Скоро все кончилось. В кабинете зажгли свет. Вошли корреспонденты и фотографы. За дверями собралась толпа любопытствующих работников других отделений больницы. Все хотели посмотреть на тигра и знаменитых укротителей, но их в кабинет не пустили. У дрессировщиков и мамы брали интервью и делали их фотографии. На одну из них попал и я, поместившись в самом центре между мамой и Назаровой. Она в своем черном наряде походила на Королеву Марго.

Пурше шумиха, происходившая вокруг, была безразлична. Он лежал на столе, слабо помахивая хвостом, тихо рычал и моргал на фотовспышки. А потом и вовсе заснул. Его разбудили и увели. Тигр молча, тяжело ступая, шел на поводке. Возле самой двери он оглянулся, и на короткий миг я встретил его погасший взгляд. Мы попрощались.

Я бежал домой, переполненный чувством невероятной жизненной удачи, а надо мной летал тополиный пух. Хотелось рассказать всему миру о том, что случилось со мной в этот сказочный вторник за три дня до летних каникул. Про Королеву Марго, Константиновского, несравненного Пурша и его хвост. А также про то, что я решил стать дрессировщиком, рентгенологом и киноактером. Захотелось начать чтение книг, записаться в судомодельный и шахматный кружки и, наконец, совершить какой-нибудь подвиг. На следующий день все эти желания не пропали. Удивляясь самому себе, я взял и выполнил все домашние задания.

В школе мне, конечно, никто не верил, пока не появились доказательства в виде газетной статьи и фотографий. Правда, на них меня почему-то не было. А я ведь держал тигра за хвост!

Примерно через две недели к нам пришел большой почтовый конверт с письмом от Маргариты Назаровой и Константина Константиновского, в котором они благодарили маму за ее участие в попытке спасти Пурша. К письму прилагались фотографии с их сердечными автографами. И среди них снимок тигра анфас, на котором застыл его последний взгляд на уходящий от него мир.

Пурш умер на следующий день в самолете по пути в Москву. Было вскрытие. Мамино заключение об отсутствии рака подтвердилось. Нет, у него был не рак. У него была диабетическая кома. И, может быть, самой последней каплей «яда», погубившей его могучий организм, было сладкое мороженое, которым развели барий, когда делали рентген.

ЧЕМПИОН

Уроки физкультуры мне нравились и давались легко. Энергии хватало на все: на бег, прыжки, лазанье по канату, подтягивание на перекладине, хоккей, футбол, баскетбол, лыжи и бокс. В нашей школе был лишь один парень, который бегал быстрее, мой одноклассник Валера Х. Но он был на два года старше и в моей возрастной группе в официальных соревнованиях не участвовал. Поэтому все школьные рекорды и победы доставались мне.

Меня это несправедливое обстоятельство не смущало. С позиции крайнего подросткового эгоизма я считал, что Валера как бы есть и его как бы нет. Вспоминаю это сейчас с грустью. Судьба к Валере отнеслась жестоко и несправедливо: он погиб в возрасте 20 лет со всем экипажем затонувшей подводной лодки.

В дружбе мы с ним не состояли и соприкасалась в основном на уроках физкультуры. В шеренге на построении он был первым, а я вторым. Поэтому нас и ставили в одну пару в спринтерских забегах. Он был видным парнем. У него, единственного во всей школе, были усы, причем весьма симпатичные, как у д'Артаньяна из «Трех Мушкетеров». В силу своего возраста он раньше всех нас обратил внимание на одноклассниц, а они на него. Подружек у него было несколько, в том числе Алла О, с которой мы сидели за одной партой. Роман с Аллой протекал незаметно для посторонних глаз. Скандал же приключился со Светой З., которая забеременела в 8-м классе и была переведена не помню куда. А за ней исчез и сам Валера.

Так, начиная с 9-го класса, у меня не стало главного конкурента. Но именно в этот момент с моими низкорослыми одноклассниками произошли метаморфозы. Вернувшись с каникул, я обнаружил, что большинство из них стали выше меня, и я передвинулся в строю со второго на девятое место, почти в самый конец шеренги.

С прыжками было покончено. Длинноногие конкуренты без большого труда перепрыгивали меня и в длину, и высоту. Я продолжал быстро бегать. Но почему-то вдруг и прыжки, и бег меня перестали интересовать. Душа внезапно переключила тумблер внимания на учебу, занятия музыкой и самообразование. Я стал задумываться о будущем. А для поддержания спортивной репутации выбрал бокс.

От бокса, правда, побаливала голова и перед глазами стоял легкий туман, которому сначала я не придавал особого значения. А зря. Надо было задуматься над последствиями. Но мысли о потом в молодости не приходят. В молодости хочется быть крутым. Так вот, моим постоянным спарринг-партнером был одноклассник и друг Ваня С. Он был на голову выше и на 13 кг тяжелее. Убивать он меня не хотел. Поэтому в удары вкладывался не в полную силу. К тому же я был юркий и весьма ловко уходил от прямых атак. Но не всегда. В пылу боя мне иногда прилетало от его правой кувалды. Тогда Ваня останавливался, ждал, когда я очухаюсь, а иногда спрашивал: «Может, на сегодня хватит?» Я же следовал альфа кодексу, по которому остановиться означало сдаться, что было решительно невозможно. Ну просто никак.

И все же однажды тренер, наблюдавший за нами с большим любопытством, остановил бой и спросил: «Как у тебя по математике? И вообще по предметам?» Я молчал, собирая разрозненные слова в членораздельное предложение. По предметам пока было не очень. Я так и ответил. И добавил, что собираюсь исправляться. «Вот и хорошо. Иди исправляйся. А то он тебе мозги вообще вышибет. Совсем на двойки съедешь». На этом спарринги с Ваней закончились.

Я еще немного порезвился в своей легкой категории и даже выиграл парочку боев. Но славы на ринге, как говорится, не снискал. А Ваня впоследствии стал чемпионом России среди студентов медицинских вузов и кандидатом в мастера спорта.

Мои спортивные занятия имели важные последствия. В смысле здоровья. Раннее физическое развитие сыграло со мной злую шутку. Я был сильнее своих одногодок. Казалось, что энергия не имеет границ и преград. И мне не терпелось показать своё превосходство. На одном из уроков физкультуры я рывком поднимал 60-килограммовую штангу одной рукой. Мне было 15 лет, и это было круто. В итоге я сильно повредил позвоночник. Травма привела к остановке роста и раннему развитию стеноза, болезни с постоянной болью в спине, преследовавшей меня всю дальнейшую жизнь.

Участие в соревнованиях, дух конкуренции и ранние победы развили амбиции и веру в свои возможности. А на этой основе строилось общее восприятие картины мира и понимание того, что жить нужно активно, ставить и покорять любую цель, и в процессе преодолевать любые препятствия. Понимание того, что «жизнь — это борьба и отказ от борьбы означает бегство от самой жизни» пришло благодаря личному опыту, а не чтению философских трактатов Ницше.

Не могу сказать, что неудача с боксом была моей единственной осечкой на спортивном поприще. Но в общем и целом мне казалось, что спортивная жизнь более или менее удалась. А тренеру по боксу я не соврал. Я действительно встал на путь исправления. Но исправлялся медленно. Время от времени меня колбасило на социальной почве, которая представлялась не твердой платформой, а скорее расплавленным асфальтом. Было неясно, где находится грань допустимого. И я ее то и дело пересекал. За гранью было интереснее. Была интрига. А все остальное, включая спорт, было делом привычным. Пересекал, а потом возвращался назад, петляя, как заяц, туда-сюда. Пока не наступил момент истины.

А было это так. Помимо учебы, спорта и моего обычного бытового разгильдяйства, я занимался музыкой и играл на пианино в школьном эстрадном оркестре.

Мне нравилось находиться на сцене и быть на виду. Наша солистка, Оля Т пользовалась успехом у школьников от пятого до десятого класса, не говоря уже о членах оркестра, которые вели упорную борьбу за ее непосредственное внимание. Оля своей популярностью делала известными и остальных оркестрантов.

Но главной нашей звездой был барабанщик совсем не школьного возраста с редким именем-отчеством Андриан Прохорович и еще более редкой биографией. Он был выходцем из раньше русского, а теперь китайского города Харбин. Причем репатриировался в СССР он недавно. А до этого и после всю жизнь играл в профессиональных оркестрах, и в том числе в джазе Олега Лундстрема. Имя Лундстрема тогда мне ни о чем не говорило. Невежество — счастливое состояние недоразвитого мозга, когда ты ощущаешь себя самой важной персоной вселенной, а остальные имеют место быть по недоразумению или в качестве твоего антуража.

Андриан Прохорович был пожилым, изрядно поседевшим и полысевшем человеком с военной выправкой и изящными манерами. Говорил он на необычном, можно сказать, необычно правильном русском языке, который можно услышать разве что в театре на пьесе Чехова или Островского. Он работал с моей мамой, и она уговорила его с нами поиграть. И когда он взял в руки барабанные палочки, оркестр зазвучал. Все остальные могли бы и вовсе не играть, потому что по сравнению с ним были просто музыкальными пигмеями. Мы стыдились играть forte и заглушать его изумительную музыку. Гитарные усилители выставили на pianissimo. Барабан же, точнее, арсенал ударных инструментов, из водителя ритма превратился в солирующий инструмент.

Мы сыграли на концерте в школе не помню на каком празднике, а затем и на танцах. Успех был сумасшедший. Нам аплодировали с чувством, как настоящим артистам. Это надо было непременно отметить. Валера Ж, наш ритм-гитарист, пользуясь паузой в танцах, выставил «фугас» портвейна, который мы стали внаглую распивать прямо за кулисой сцены. Расплата наступила мгновенно. Передавая бутылку по кругу, мы заметили исчезновение Андриана Прохоровича. А без него мы не могли играть.

Потеря была невосполнимой и окончательной: барабанщик исчез навсегда. И это было концом нашего оркестра. Пришло осознание, что в музыканты мы просто не годились. Но это случилось позднее. А пока мы пили и молчали. Начали пить с веселья, а теперь пили с горя. И тут на сцене появился Александр Лукьянович С, он же Лука, он же Штык, он же учитель физкультуры, физрук и тренер всех наших спортивных команд, распорядитель всех общественных мероприятий, и прочее, и прочее. И, разумеется, он отвечал за порядок на танцах. Штыком его прозвали за, как бы это помягче сказать, избыточную строгость. Злые языки говорили, что он занимался рукоприкладством и заигрывал со старшеклассницами, за что якобы получил выговор по общественной и партийной линии с предупреждением о несоответствии званию учителя. Но я лично таких эксцессов не наблюдал и злым языкам не верил. По мне он был человеком справедливым, и я его уважал.

Теперь он стоял перед нами и какое-то время рассматривал в упор.

А затем коротко бросил:

— Вино вылить в сортир. Танцам конец. Поговорим завтра.— Сказал и ушел.

А завтра был спаренный урок физкультуры. 9Г класс выстроился шеренгой, я девятым по росту. Лукьяныч прохаживался вдоль строя, объявляя участников предстоящих весенних районных соревнований по легкой атлетике. Дошла очередь и до меня.

— Выйти из строя,— скомандовал он. Я сделал два шага вперед.

— Алкоголикам не место в Советском спорте,— объявил Штык.— Встать в строй.

Весь класс понимающе и, кажется, сочувствующе смотрел на меня. Но мне было стыдно. Ведь Лукьяныч был прав. «Я алкоголик и козел. Причем козел неисправимый», — мысленно ругал я себя, считая, что жизнь кончена, и ничего хорошего меня впереди не ждет.

Однако постепенно жизнь наладилась, и отлучение от спорта длилось недолго. А закончилась моя спортивная карьера на высокой ноте, весело и даже забавно.

В 1967 году отмечалось 50-летие Октябрьской революции. В учреждениях и на предприятиях всей страны шли праздничные собрания. Передовикам труда вручали правительственные награды. А в больших городах в честь этого события проходили местные чемпионаты под эгидой Спартакиады народов СССР. Я заканчивал 10-й класс. Дела с учебой наконец-то наладились, и я трудился как бобик, готовясь к выпускным экзаменам.

На уроках физкультуры я больше не блистал, однако продолжал показывать неплохие результаты в спринте. И меня, скорее по старой памяти, взяли в сборную команду, как говорится, защищать честь школы. Особого энтузиазма это не вызвало, но и об отказе речи быть не могло. Участвовать в сборной — на самом деле большая честь. И, к тому же, весомый вклад в характеристику для поступления в ВУЗ. Я был привычно заявлен на дистанциях 100 и 200 метров индивидуально, в командных эстафетах, и, как ни странно, в прыжках в длину.

Уже на стадионе Лукьяныч неожиданно спросил, могу ли я еще толкнуть и ядро. Очевидно, участник команды по этой дисциплине заболел или не смог прийти. Точно не помню деталей, но он объяснил, что со школы снимут очки, если участников по одной из дисциплин не будет. «Так что давай, нам нужен зачет». Зачет — дело святое, и я согласился.

На своих «коронных» дистанциях я дошел до финалов. И даже попал в финал по прыжкам в длину. И где-то между забегами и прыжками был вызван в сектор толкания ядра. Получив номер по алфавиту и пройдя сверку по списку, я пошел на финал 100 метровки, засиделся на старте и проиграл забег. Пришел четвертым. Какие-то очки принес. Но это был не тот результат, на который рассчитывала команда. В сектор толкания ядра я прибежал в крайне раздраженном состоянии духа за свой провал на стометровке. Как раз вовремя, потому что был мой черед толкать. И я толкнул. Когда произвели замер, оказалось, что ядро улетело почти на метр дальше, чем у прежнего лидера этой программы.

Следующей была 200-метровка, на которой я опять пришел четвертым. Это было какое-то наваждение: на всех дистанциях я неизменно занимал следующую ступеньку за пьедесталом, включая прыжки в длину, в которых установил личный рекорд, чем удивил себя и Лукьяныча. Между тем некоторые другие участники команды выступали успешней и занимали призовые места. По сумме очков школа выходила на первое место.

Когда я вернулся в сектор ядра, заканчивалась 4-я попытка. Но никто из участников пока даже не приблизился к моему результату. Я разглядывал своих соперников, великолепную дюжину крутых атлетов. Они в свою очередь с удивлением и неодобрением разглядывали меня. Я выпадал из этой кампании по весу и внешнему виду. Они большие, медленные и обстоятельные, а я худой и торопливый. Подошел Лукьяныч, осмотрел меня с ног до головы, хмыкнул, улыбнулся, покачал головой и сказал: «Ну ты даешь, ёшкин клёш. Это же городской рекорд. Среди взрослых! На кандидата в мастера тянет. Эх, надо было тебя еще на молот поставить... В круг больше не ходи, пацанов не раздражай. Ты у них золотую медаль украл. Выражаю личную благодарность».

Я, конечно, благодарность принял. Но в круг на свою шестую, последнюю попытку все-таки пошел. Просто захотелось подержать в руках ядро. Так сказать, насладится историческим моментом. Оно показалось тяжелым и холодным. Толкать я его не стал. Просто положил рядом с кругом.

А потом я стоял на пьедестале, кусал на пробу медаль и получал диплом. В нем было написано, что я, такой-то и такой-то, награждаюсь за победу в Юбилейной Спартакиаде народов СССР по г. Кемерово в толкании ядра... среди девочек.

Над этой забавной опечаткой смеялась вся команда. Я сначала досадовал, а потом присоединился к общему веселью. Ведь девочкой меня еще никто и никогда не называл.

ВОДА

Надо мной, плотно сомкнувшись в бесконечные ряды, плыли бревна. Шел лесосплав, а я был посредине реки. Томь в этот год разлилась широко и бежала быстро. Я уже долго был под водой, уже заканчивалась воля, и очень хотелось глотнуть воздух полной грудью. Но между бревен над головой виднелись только узкие, неотчетливые полоски света, через которые можно было просунуть пальцы. И это все. Сердце стучало сильнее и сильнее. Я переставал слышать остальные звуки мира, которые и так неотчетливо доходили до меня под водой. Они внезапно исчезли. Остался только пугающий стук сердца. Выхода не было. И тогда появился страх, который заставил плыть вперед.

Найти солнечный свет! Он же где-то есть! Где-то недалеко! Плыви и смотри! — властно требовал мозг. До боли зазвенело в ушах. И я увидел свет. Он был прямо передо мной, на расстоянии протянутой руки. Но уже не оставалось сил. Я всплывал навстречу звенящей тишине. И ударившись головой обо что-то твердое, оказался в просвете между бревнами.

Я глотал воздух вперемешку с водой, кашлял и отчаянно дышал. Мне было 15, и это было первое ощущение страха воды. Но страх быстро прошел. Я крепко держался за бревно. Его сносило вниз по течению реки. Надо было выбираться на сушу. Осмотревшись по сторонам, я понял, что нахожусь ближе к другому берегу реки. Здесь был плес, и течение заметно ослабевало. Бревна двигались медленно, и их было меньше. Я поплыл и скоро нащупал каменистое дно. Медленно преодолевая толщу воды, я брел к берегу.

Осталось несколько шагов. И вдруг правую ногу пронзила острая, колющая боль: это я наступил на острый

край разбитой бутылки, вертикально стоящей среди камней. Но еще острее было переливающееся за края сознания чувство радости и гордости за свое спасение. А потом как-то сразу все стало безразличным, тяжелым и бесцветным. Я опустился на гальку, покрывавшую весь берег до обрывистых холмов, где росла высокая трава, закрыл глаза и провалился в сон.

Разбудила боль, которая взяла верх над усталостью. Я осмотрел ногу и увидел глубокий порез с наружной стороны большого пальца, из которого текла кровь, а внизу между камушков виднелась темно-красная лужа, натекшая из раны, пока я спал. Вокруг никого не было. После долгих поисков нашлась грязная тряпка, сильно пахнущая мазутом. Я ее постирал и старательно намотал на ногу. Получилось хорошо. Тряпка давила на раненый палец и прочно держалась на месте. Теперь я мог оглядеться по сторонам.

Приближался закат, и становилось прохладно. На мне, кроме купальных трусов, не было ничего. Тело покрылось пупырышками озноба и появилась холодная дрожь. Я стоял на другом берегу реки, а деревня Журавли, где мы жили в то лето, осталась выше по течению, где-то там, далеко, и была не видна. Предстояло вернуться назад, переплыв Томь обратно через лесосплав, а потом проделать долгий путь по берегу с порезанной ногой. Но другого выхода не было. Да и времени на размышления не оставалось. И я поплыл. Вода была теплее воздуха, и я стал согреваться. На этот раз я был осторожен, оплывал отдельные бревна, полз по их поверхности, если мог и нырял только тогда, когда впереди был виден просвет. Я видел только сплошной поток бревен и редкие просветы воды, из которых в эти минуты состоял весь мир.

Уже сильно стемнело, когда я оказался на берегу. Повязки на ноге не было. Я ее давно потерял. Разрез болел, но кровь уже не текла. Луна светила ярко и таинственно освещала мир вокруг. Мне вдруг показалось, что на ней сидят вороны и о чем-то спорят. А одна, повернувшись ко мне, недовольно сказала: «Иди, иди! Нечего на Луну глазеть. Тебя дома ждут. Кар!» А я и так шел, вернее, медленно брел вдоль реки, и глубокой ночью добрался до Журавлей.

Там царила паника. Мамы в Журавлях в ту ночь не было. Но вся семья друзей, с которыми мы этим летом сняли в складчину дом, металась по берегу с фонариками, высвечивая силуэты плывущих бревен. Они встретили меня дикими криками, напоминая индейцев из романов Фенимора Купера.

Только мой двоюродный брат Борька демонстрировал спокойствие и рассудительность.

— Ну ты и дурак, — поделился своими мыслями он. — Тебя все ищут, а ты себе плаваешь. Нельзя же быть таким эгоистом.

Он был прав. Всему виной была моя глупость и гордыня. Это я поспорил с Борькой, что переплыву лесосплав. Вот и переплыл. Действительно, дурак. И я дал себе слово, что больше никогда в воду не зайду и плавать никогда не буду.

Но уже на следующий день мы были на реке и ныряли между бревнами, правда, не заплывая далеко. А про палец я просто забыл, и он зажил, как выражаются хирурги, «вторичным натяжением», то есть на нем образовался грубый рубец. На память о лесосплаве.

Вода притягивала меня как магнит. И когда четыре года спустя я оказался в Коктебеле, в пансионате «Планерское», моей душой завладело Черное море. Оно было вовсе не черным, а синим, зеленым и голубым одновременно. По нему гуляли веселые мелкие барашки, творения легкого бриза, и волны разной формы и величины. И во всем этом не было ни однообразия, ни скуки. Игры морской воды можно было наблюдать бесконечно.

Но надо было торопиться жить. И от созерцания я перешел к плаванию. В те годы у меня было много сил, или мне так только казалось. Не имеет значения. То, что мы себе представляем, и есть реальность. Так вот, я ощущал безграничную энергию и не верил в пределы. Уплывал далеко, где не видно берегов. В той дали были только море и я. И лишь изредка в небе появлялись одинокие чайки. Появлялись и тут же исчезали. Они спешили по своим неотложным делам. Наслушавшись музыки моря, я медленно возвращался на берег, в пансионат, где с жадностью поедал обед и еще две добавки. А потом бежал на песочный берег и там спал или искал сердолики. Их иногда находили на берегу. Считалось, что это к удаче. Мне такая легкая удача не светила. Но зато однажды я набрел на компанию преферансистов, был взят четвертым и преуспел. Но в преферанс играть было некогда.

В Коктебеле я вел разгульную взрослую жизнь. Утро начиналось с молодого крымского вина. У всех жильцов пансионата были 3-литровые банки, с которыми после завтрака они, то есть мы, выстраивались в очередь к винному киоску, расположенному прямо возле входных ворот. Полная банка стоила 3 рубля. Но я с 3 литрами не справлялся, болела голова. И поэтому покупал полтора литра за рубль пятьдесят, ложился на песок, медленно выпивал содержимое банки и так лежал под палящим солнцем, подражая капитану Матиссону Пэду из рассказа Александра Грина «Пролив Бурь». Но тот капитан пил ром, а я годовалое вино. И однажды он напился, получил тепловой удар и умер, а я нет. В остальном все совпадало. Было горячо, клонило в сон, и я погружался в небытие. Это было то, что буддисты называют Нирваной.

Потом дикий жар проникал в сознание, и хотелось утонуть в воде, чтобы прекратилась эта пытка огнем. И я бежал в море и плыл, пока не исчезали контуры берега. Плыл и думал: зачем я добровольно и настойчиво лезу в горячий ад, какой смысл в подражании придуманному капитану, который к тому же от этого умер, и сильно себя ругал. Но наступало следующее утро, и все повторялось. Я жаждал Нирваны, лежа на раскалённом песке, а потом спасение от этой самой Нирваны в прохладе моря.

И вот однажды я заплыл в свое море и потерял путь назад. То есть, я точно знал, где берег, но его там не было.

Я плыл, плыл и плыл. Шло время, но берега все равно не было видно. Я чувствовал, как тогда, на лесосплаве, что у меня заканчивается воля. Но силы еще были, и я продолжал плыть. И вот, когда и сил оставалось мало, появился берег. Он был еще далеко. Но он был! Я плыл на одном только страхе и надежде. И клялся, что, если доплыву, больше никогда не зайду в воду. Я возмущался своей беспредельной тупостью и злился за то, что лесосплав меня ничему не научил. Берег стал приближаться, но надежда слабела. «Врешь, не возьмешь!» и «Три бочки мертвецов!» бессмысленно крутились в голове. Я лег на спину. Но вода почему-то не держала и тянула вниз, вглубь.

— Врешь, не возьмешь! — закричал мой мозг, на этот раз настойчиво и призывно. — Плыви с*ка, падла, бл*дь! Я тебе покажу романтику! Я тебе покажу Нирвану! Плыви!

И я плыл, не понимая сути происходящего, плыл, пока совсем не выбился из сил. Я стал погружаться в пучину и... коснулся дна. Оно было рядом, и вода не доходила до пояса. Тогда я упал на четвереньки и пополз. Волна откатила меня назад, а потом, слегка приподняв, доволочила до песочного берега, где я и впал в Нирвану, а потом, спустя вечность, продолжавшуюся несколько часов или минут, окончательно воскрес.

Тогда я дал себе торжественную клятву больше никогда не входить в воду, а держаться от нее подальше. Но на следующий день...

РУЖЬЕ

Как каждый нормальный советский подросток, в 14 лет я мечтал стать военным, и даже конкретно знал, где буду служить. Конечно, на границе! Вместе с Героем Советского Союза Никитой Федоровичем Карацупой и его овчаркой Ингус.

В гостях у знакомых я познакомился с Левой К, который только что закончил службу в пограничных войсках и теперь собирался поступать в политехнический институт. Он был в форме с погонами старшины, на его гимнастерке выделялся значок мастера спорта СССР. Я сел рядом, стал приставать с вопросами и изрядно ему надоел. Лева отвлекался на девицу, дочь хозяина дома, и меня слушал вполуха. Но из его кратких ответов я узнал, что старшина на заставе — это второй человек после самого командира, что там, на границе у его отряда было много собак, которые вместе с солдатами несли службу, ходили в наряды и патрули, что он занимался спортивным троеборьем и был чемпионом пограничных войск округа, что он лучше всех стрелял и был отличником боевой и политической подготовки.

В общем, в моих глазах Лева был не человек, а легенда. И мне захотелось стать таким, как он. Но на вопрос, почему он, Лева, не поступил в училище, чтобы стать старшим офицером, ясного ответа я не услышал. То ли там мало платили, то ли офицеров и так хватало, а старшин нет. Тогда я стал приставать с вопросами к хозяину дома, отставному подполковнику инженерно-строительных войск. И он, отозвав меня в сторону, объяснил, что погранвойска относятся к КГБ и туда берут не всех.

— Таких как ты, — не берут.

— Это почему? — возмутился я.

— Узнаешь в свое время, — после секундного молчания ответил подполковник и прекратил разговор.

До конца школы и до армии было еще далеко. Но я решил, что готовиться к службе на границе нужно заранее. И я стал строить планы. Вначале следовало научиться хорошо стрелять. Но в школу ДОСААФ таких, как я, по возрасту не принимали. Тогда я упросил отца подарить мне на день рождения «воздушку». Буду тренироваться сам и стану отличным стрелком. Мне еще Лева позавидует!

Родители уже были в разводе, но оставались в дружеских отношениях и советовались по важным делам. Предполагая, что мама будет возражать, я свой разговор с отцом пока держал в секрете. И точно. Когда он пришел, чтобы вручить ружье, мама встала в позу и запретила принимать такой опасный подарок. Я ходил вокруг нее, как кот вокруг сметаны, целую неделю и все просил и просил. И даже будил по ночам.

В конце концов она сдалась. Отец принес ружье в серовато-белом матерчатом чехле, бутылочку ружейного масла, шомпол, мишени и картонную коробку, в которой было пятьсот пулек. «Разбирайся с ружьем, дома не стрелять, в людей не целить, и на себя ствол не наставлять», — скомандовал отец и пошел на кухню беседовать с мамой и пить чай. Я остался в коридоре один на один с моим ружьем, сел на пол и немедленно стащил чехол.

Это была пружинно-поршневая винтовка, изготовленная в 1958 году на Ижевском Мехзаводе, новенькая, в густой пахучей смазке. Свинцовые пульки с мелкой резьбой были совсем маленькими, 4.5 мм. Заглядывая через узкое дуло вовнутрь ствола молодым, зорким взглядом можно было видеть изгиб спиралевидной резьбы. Требовалась большая сила, чтобы переломить ствол. Таким образом взводилась пружина. Затем ствол закрывался до щелчка, и тогда можно было стрелять. Сила для взвода пружины у меня была. Но делать это на весу было неудобно. Приходилось ставить винтовку на пол, зажимать ее ногами и толкать ствол до упора вниз. Все эти нехитрые премудрости я усвоил за полчаса.

Тем временем отец успокаивал маму, объясняя, что эту «детскую игрушку» можно свободно купить в магазине, и что, если соблюдать предосторожность, никакой опасности она не представляет. И, кажется, убедил. Во всяком случае, он убедил меня, поскольку я слышал весь разговор.

Процесс пошел! Первым делом, я прикнопил мишень к двери ванной комнаты и произвел 10 выстрелов с 10 шагов. Винтовка стреляла точно, и я выбил 98 очков. Но при этом сильно повредил дверь. Тонкая древесная доска за центром мишени разлохматилось, а некоторые пульки пробили ее насквозь. Ружье обладало офигенной пробивной силой, и детской игрушкой никак не было.

Я попросил прощение за дверь, торжественно пообещал маме в доме больше не стрелять, открыл окно и стал стрелять по воробьям, сидящим вдали на ограде здания, соседствующего с нашим домом. К моему изумлению, пулька попала прямо в цель, и один воробей упал и остался лежать на земле. Я побежал проверить. Воробей был мёртв. Пулька с 40, а может быть, 45 метров попала ему в грудь. Мне стало жалко воробья. Разум отказался признать, что убийца невинного воробья был я сам. Присыпав безжизненное тельце воробья землей, я побрел домой.

После случая с дверью и воробьем я стрелял только по мишеням, выбрав самое безопасное место во дворе: обитую железом дверь подъезда соседнего дома № 4, где жил мой друг Толя. Он и я по очереди стреляли в мишень с десяти больших шагов. Когда стрелял один, другой стоял на стреме и смотрел, чтобы никого не было на линии огня. Мы стреляли метко, выбивая 98, 99, а нередко и все 100 очков из 100, страшно гордясь своим снайперским искусством. Все шло хорошо. Но однажды, наблюдая из окна двор, где пацаны играли в городки, я увидел какое-то необычное движение. Мальчишки гурьбой бежали к моему подъезду.

— Эй, Борька! — кричали они. — Давай сюда! Какая-то дикая птица летает. Большая! Как коршун!

Я схватил винтовку, засунул горсть пулек в карман и бросился во двор. Пацаны показывали на дерево и кричали: «Вон там! Стреляй!» Но я ничего особенного не видел. И уже собирался уходить, как вдруг с дерева, на которое указывали пацаны, взлетела большая птица с тёмно-красным пятном на голове, полетела вдоль двора и, медленно махая крыльями, стала удаляться. Я машинально вскинул ружьё, быстро прицелился, выстрелил ей вслед и с облегчением вздохнул, потому что птица продолжала лететь и я, стало быть, промахнулся.

— Эх ты! Стрелок называется, — досадливо махнул на меня рукой Валера Ф. И в этот момент птица на полном взмахе крыла рухнула вниз. Пацаны побежали, схватили птицу, долго рассматривали, а потом принесли мне. Это был красивый и большой пестрый дятел с красной шапочкой окраса на голове. Дятел был мертв. С тяжелым чувством вины за напрасно погубленную жизнь я поплелся домой, неся дятла за одно крыло. Валера Ф, оказывая мне уважение, нес ружье.

Мама открыла дверь и долго смотрела то на меня, то на дятла.

— Зачем? — тихо спросила она.

— Не знаю, мама. Я, правда, не хотел его убивать. Но почему-то так получилось. Что теперь делать?

— Не знаю, что тебе сказать. Прекрати стрельбу, пока не поздно. Пока ты человека не убил. А дятла к жизни не вернешь. Отнеси в школу, в биологический кабинет. Может быть, из него сделают чучело.

В эту ночь я плохо спал. Все думал о дятле и страшно его жалел. Слегка утешало то, что он погиб не напрасно. Из него сделают чучело. Как из Ленина в мавзолее. И на него все будут смотреть. Утром я встал пораньше, завернул дятла в кухонное полотенце и принес в школу. Учительница биологии на него даже не взглянула. Не отрываясь от книги, лежащей на ее столе, она сказала:

— Мы чучел не делаем. И твой дятел нам не нужен.
— Так что же мне делать?
— Ну что делать... Похорони.

Я похоронил дятла в нашем дворе, в глубокой яме, тщательно засыпав землей. И поставил памятник из двух кирпичей с надписью мелом: «Здесь похоронен Дятел». Я очень старался, и надпись получилась ровной и отчетливой, как пропись в первом классе. Галина Петровна была бы довольна.

Маминому совету прекратить стрельбу я не последовал. И тренировки шли своим чередом.

Однажды, это было уже осенью, стреляя по мишени в привычном месте двора, мы заметили милиционера, который приближался к нам со стороны соседнего подъезда. В доме жило несколько милицейских семей. Мы думали, что это сосед, и спокойно продолжали стрелять. Но поравнявшись с нами, он неожиданно вырвал ружье из моих рук и, держа его за ствол, с размаху ударил о железный штакетник. Приклад треснул, развалился на две части, заряженное ружье выстрелило, и пулька попала в указательный палец моей правой руки. Полилась кровь. Было не так уж и больно, но меня обуяло чувство несправедливости. С криком «С*ка!» я бросился на милиционера, схватил его за отворот шинели и повис, пытаясь повалить на землю. Он опешил и молча боролся со мной, старался сбросить и стал пятиться назад. И в это время, надо сказать очень кстати, появилась мама. Она возвращалась с работы и, увидев дикую сцену, бросилась к нам. Борющимся сторонам удалось расцепиться. Мама и мой друг Толя держали меня изо всех сил. Я рычал, как пес, и норовил милиционера укусить. А он, отойдя в сторонку, приводил в порядок шинель и искал оторванные пуговицы среди слипшихся желтых листьев в соседней луже. Поломанная винтовка валялась за штакетником на голой земле.

С трудом удерживая меня, мама обрушила на милиционера свой гнев.

— Это мой сын! Вы совершаете противоправные действия! Вы его ранили из ружья! Пуля могла выбить ребенку глаз!

Он огрызался. «Я ваш участковый, младший лейтенант С, пресек нарушение общественного порядка. Гражданину нет 18 лет, и он не имеет права носить оружие».

— Ружье продается в магазине без разрешения и не требует регистрации. Вы превысили полномочия и совершили должностное преступление, ранив ребенка. Вы что, младший лейтенант, не знаете, что заряженное ружье может стрелять?!

Мама была страшна в своем гневе. Милиционеру было нечего сказать.

— А вы на меня не орите, гражданка! — наконец, нашелся он.

— А вы не стреляйте в моего ребенка! Я на вас сейчас составлю протокол.

— Вы на меня составите протокол? — изумился младший лейтенант. — Не говорите глупости, гражданка. Я при исполнении.

— При исполнении должностного преступления. И вы за это ответите!

Чувствовалось, что участковый устал. Он еще несколько минут слушал отповедь мамы, а потом тихо сказал: «Я ружье пока забираю в отдел. Давайте не нарушать. Давайте разберемся по-хорошему».

И мы разошлись. Милиционер с моим поломанным ружьем пошел в свой отдел, а мама повела меня в травмпункт на Весенней улице, где мой палец обработали спиртом, перевязали и сделали укол от столбняка. Пулька вырвала из пальца маленький кусочек мяса и ушибла нерв, отчего его кончик онемел.

На следующий день пришел отец и принес поломанное ружье.

— Как палец? — спросил он

— Нормально. Скоро пройдет.

— Ну и хорошо… А ты у меня бешеный.

— Почему бешеный? — удивился я.

— На милиционеров бросаешься. Особенно на участковых, в звании младшего лейтенанта.

— Бать, я не хотел. Как-то само получилось.

— Само собой не получается. Только бешеные нападают на милицию. А нормальные люди нет. Потому что это о-пас-но. Так можно и в тюрьму сесть. Причем надолго. И тогда тебе ни мама, ни папа, никто не поможет. Я понятно объясняю?

— Да, бать, я все понял. Буду держать себя в руках, даже если пуля в глаз попадет.

— Мне нравится твой боевой дух. Ну вот мой тебе совет. Не ерничай. Я тебе это серьезно говорю. Я не хочу, чтобы мой сын сидел в тюрьме. И скажи спасибо лейтенанту. Он порядочный человек.

Я потом склеил приклад ружья эпоксидным клеем, зачистил неровности напильником и шкуркой, а потом еще и покрыл лаком. Смотрелось как новое и стреляло так же точно. Удар не сбил прицел. Но желание упражняться в стрельбе пропало. И ружье сначала валялось под моей кроватью, а потом мама отдала его кому-то, не помню кому, и я об этом совсем не жалел.

…Летом 1989 мой друг Сережа А привел меня на еврейское кладбище. Там какой-то идиот повалил памятники и в том числе памятник его отца. Удары его сапог, оставившие грязные отпечатки следов на поверхностях мрамора, пришлись по лицевой стороне вертикальных плит, отчего они оторвались от несущих горизонтальных, повалились на землю и теперь лежали табличками вверх. Был ранний вечер. Лица покойных вглядывались в небо на восходящую Луну. А мы с Сережей обходили памятники и звонили в милицию.

02 долго не отвечала. И мы продолжали ходить по рядам и читать имена. Еврейские и русские захоронения находились рядом, и четкой границы между ними не было. И вот в этой «серой зоне» мне на глаза попала фотография знакомого лица. Это был младший лейтенант С. На табличке значилось, что он героически погиб при исполнении служебного долга в 1988 году.

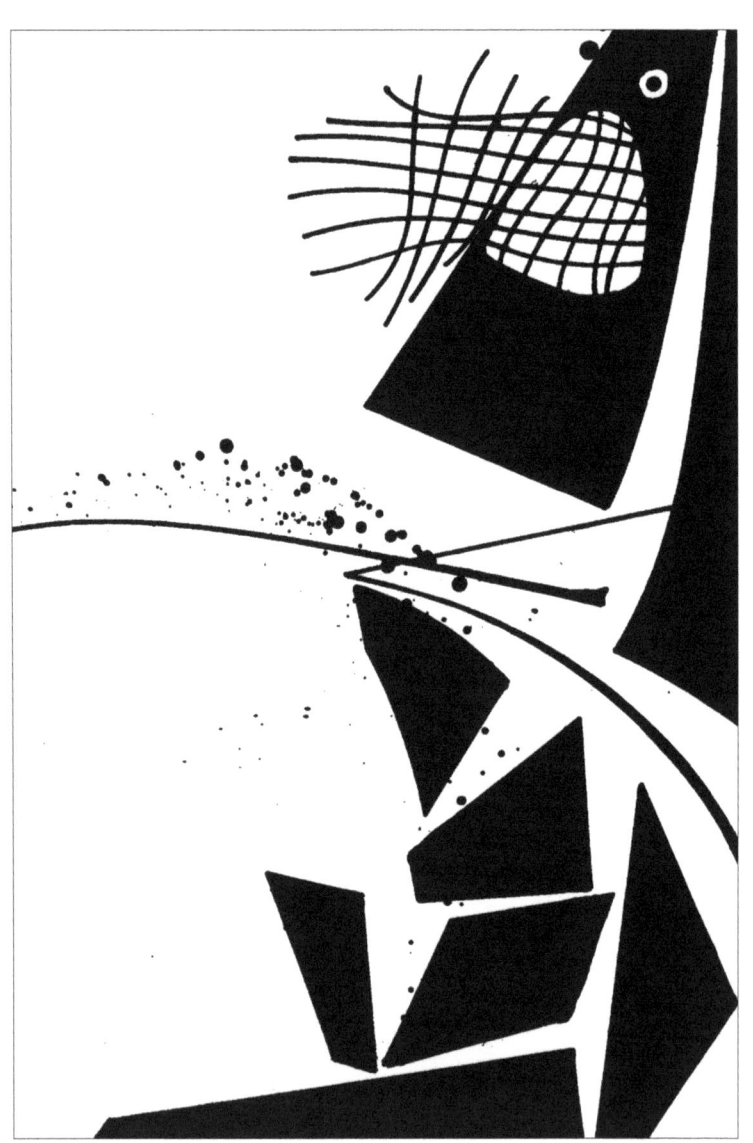

ПЕРЕВОРОТ

В актовом зале Кемеровской школы № 1 имени С. Орджоникидзе, в торжественной обстановке (учителя за столом президиума, зеленая скатерть, ваза с цветами, директор на трибуне, микрофон, и все такое прочее, давно замылившее глаз) выдавали свидетельства об окончании неполного среднего образования. Все места в зале были заняты родителями и учениками восьмых классов, от А до Г. Нашего поголовья было человек сто пятьдесят, и весь зал был забит битком, а некоторые стояли.

Было шумно. Зрители и участники торжества аплодировали каждому выходу своих товарищей к трибуне, где директор — солидный мужчина в очках, темном костюме, белой сорочке и синем галстуке с узкими косыми полосками, с вежливой, отстраненной улыбкой — пожимал руки выпускников и вручал маленькие книжечки об окончании 8 класса, а стоящая рядом учительница истории выдавала по одному цветку. Не помню точно их имена, потому что особого участия в моей судьбе ни директор, ни историчка не принимали.

Давали и грамоты за особые заслуги в учебе. Но у меня никаких заслуг в учебе не наблюдалось. И вообще, у меня лично на душе праздника не было. А что, собственно, праздновать? Неполное среднее образование? Вот мой друг Толя уезжает в Академгородок учиться в школе для одаренных детей. Будет академиком. Витя К уходит в профтехучилище и через каких-то пару лет будет технологом на заводе. Несколько человек уезжает с родителями в другие города и будут учиться в других школах. А я после лета вернусь в школу № 1, и все пойдет как всегда.

Я покосился на маму, которая вчитывалась в мой документ в зеленой корочке и грустила. В нем были тройки по ключевым предметам: алгебре, геометрии, физике и химии. И это после того, как я поправил дела по остальным. Она хотела, чтобы я был врачом. Честно говоря, я не имел ни малейшего понятия, что из меня получится. Не все ли равно? Главное — не сидеть в тюрьме, не утонуть, не сгореть в пожаре, не попасть под машину и в педагогический институт. Буду жить, значит, буду жить хорошо.

На самом деле я бессовестно лукавил, причем перед самим собой. Мне было обидно за тройки, за то, что я такой тупой, что никак не могу понять суть математики и прикладных наук. Вот передо мной пример, мой друг Толя. Решает все задачи с ходу, на раз. Победил в областной и всесоюзной олимпиадах и по математике, и по физике! И вообще, за что не берется — все спорится. Захотел, и за каких-то два месяца освоил французский, и теперь читает Марселя Пруста, и понимает, о чем поет Ив Монтан. Без всякой школы научился играть на фоно. Наяривает буги-вуги как профессионал. Куда мне там с моим вальсиком из фильма «На семи ветрах». Нет, на самом деле я этот вальс люблю. Но технически мою игру с Толиной даже нечего сравнивать. При этом остается нормальным пацаном. И вместе со мной и Сережкой Х при случае пьет портвейн и курит «Джебел». Конечно, он гений. Ну а я что? А я отличник по физкультуре и труду, хорошист по истории, литературе и русскому, а во всем другом самый что ни на есть серый, посконный и кондовый середняк. И что самое главное, без компаса, без цели в жизни. Нет, надо что-то менять. Нужно поговорить с Толей. Пока он не уехал в Новосибирск.

— Тебе нужно поставить задачу,— сказал он, взяв короткую паузу для обдумывания моего вопроса о смысле жизни.— Как в физике: из одной трубы вытекает, в другую втекает и так далее. Это процесс со многими переменными. Но принцип один. Он прост. И любой желающий его может найти. Было бы желание. Вот ты. Чего ты хочешь? Поставь задачу, сформулируй просто, не усложняй. Вот я, например, знаю, где буду работать и чем заниматься.

— Поделись,— уважительно откликнулся я. Толя вызывал восхищение своим умением мыслить и объяснить.

— Очень просто. Я буду ведущим прикладным физиком в области аэродинамики в МФТИ и заниматься теорией суборбитальных и орбитальных полетов в космос.

— Ни себе фига! В смысле, вот здорово! А как ты знаешь?

— Поставил задачу. И буду ее решать. Вот и все.— Толя улыбнулся и на прощание добавил — Напиши, как идут дела. Ты уже в теме, потому что задал этот вопрос.

Я сомневаюсь, что мой друг читал труды Маймонида или других философов, потративших всю жизнь на изучение принципов процесса познания. Он нашел их сам. Главная мудрость состояла в том, что любой вопрос больше и важнее ответа. Вопрос — не просто постановка задачи. Это во многом и ее решение. И если двигаться по вектору вопроса, никогда не свернешь с пути. Как поезд, следующий из точки А в точку Б, никогда не сворачивает с рельсов. Нужно просто знать, что тебе нужна именно точка Б. И это не абстракция. Не ля-ля-ля и не фа-фа-фа. Толя доказал верность этой теоремы своим личным примером. Он действительно стал доктором наук, работал в суперэлитном подразделении МФТИ одним из разработчиков «Бурана», советского шаттла, затем профессором физики университета Тель-Авива, а потом университета Аризоны и разработчиком аэродинамических проектов для NASA.

Тот наш разговор произвел в моем сознании настоящий переворот. И я решился на полную переделку. Моей точкой Б стала учеба в школе. Отгуляв месяц на воле, я стал готовиться к школьному сезону, читая учебники предыдущего 8 класса, которые раньше просматривал, но не читал. И обнаружил удивительные вещи. Оказывается, в математике и физике есть типовые задачи и типовые решения. Они объединяются в поэтапный алгоритм при усложнении условий постановки задач. И их можно понять! Меняется сложность решений, но многие принципы сохраняются.

Я приобрел пару книг с описанием таких типовых задач и стал медленно изучать. Сначала было скучно. Но потом процесс пошел. Появился интерес. Я стал понимать, почему Толя часами занимается этим. Это похоже на шахматы, а в шахматах есть азарт. Да еще какой.

Начался учебный год. На первом же уроке математики, Евдокия Васильевна Королькова, единственный в нашей школе «Заслуженный Учитель РСФСР», остановилась возле моей парты, чтобы посмотреть, как я «варю суп в котелке», то есть как решается заданная нам задача. Остановилась, постояла чуток и пошла дальше, на мгновение положив руку на плечо. Это, брат ты мой, был сигнал. Нет, это был артиллерийский залп из 40 орудий! Евдокия Васильевна в моей шкале авторитетов шла сразу за Екатериной Великой, на полкорпуса опережала Маргариту де Валуа, Королеву Марго. В ней присутствовал редкий для учителей той поры профессионализм. Она никогда не выражала симпатий или антипатий, держалась уважительно, но на недосягаемой дистанции для учеников, в своих действиях руководствовалась не формальностями, а здравым смыслом, старалась разнообразить подачу материала, рассказывая истории из жизни математиков, дозированно, чтобы не устраивать балаган. У нее не было любимчиков или нелюбимчиков. От нас только требовалось серьезное отношение к предмету. У нас в классе был пацан с совершенно жутким почерком, нечто среднее между китайскими иероглифами и клинописью. Так вот, у него были сплошные пятерки по математике. Евдокия Васильевна в таких случаях любила говорить:

— Мы не на чистописании. Мне все равно, как записано решение: слева направо, справа налево, столбиком или узорами. Мне от вас нужны понимание и результат.

Евдокия свет Васильевна все время ходила по классу. Ей было интересно, как решают задачи ученики. Ходила, соблюдая нейтралитет, не подсказывая, не поправляя. Иногда она подходила к Толиной парте и о чем-то разговаривала с ним тихо, чтобы не отвлекать класс. Толя получал от нее специальные распечатки с текстами из научных журналов. Догадываюсь, это были задачи высшей сложности. Иногда их беседы затягивались. При этом в классе стояла полная тишина. Потом она продолжала обход своих владений, изредка прикасаясь своей царственной рукой к плечу тех, кто успешно справлялся с заданием.

Теперь, когда Толя пропал в далеких джунглях науки, ей не с кем было особенно говорить. И она двигалась быстрее. Но также методично и внимательно изучала наши тетради на марше и раздавала почести за успех. Так я получил свою первую пятерку по ее предмету.

И дело пошло. Я стал делать уроки не кабы как, а с тем, чтобы понять в чем фишка. Как из точки А добраться до точки Б. Применив те же принципы к остальным предметам, я получал тот же результат. Стало не хватать времени на футбол и обычные забавы. Происходило черт знает что! Дневник заполнялся отличными оценками, но меня переставали уважать уличные друзья, и в системе «свой-чужой» меня неуклонно тянуло вправо.

Я списался с Толей и рассказал о новостях. В ответ он поделился своими. Учебные его дела шли хорошо. Но не хватало времени на девчонок, хотя и текла слюна. Согласились на том, что отвлекаться на посторонние вещи биологически необходимо. Главное — не поступаться принципами. И на все время найдется. Но Толя был гений, а мне для достижения высоких целей надо было работать все больше и больше. А времени на остальную жизнь оставалось все меньше и меньше.

Я заделался круглым отличником и стал превращаться в скучный, вечно занятый персонаж.

В явном выигрыше оказалась мама. Ее перестали вызывать в школу и жаловаться на мои выходки. Напротив, меня стали хвалить на родительских собраниях, и она благосклонно принимала поздравления учителей.

А вокруг кипело и бурлило. В непосредственной близости, вот протяни руку, находились привлекательнейшие и обаятельнейшие Фемины. Происходила жизнь. Приятели снимали ее пенки. А я сидел на обочине, следовал поставленной задаче и думал: «А мне это надо?»

«А как ты хотел? — Отвечал я себе. — Ты или работаешь и получаешь результат, или не работаешь и сосешь лапу, как медведь». И спорить с этим было трудно. Пути-то назад не было. Ну сбавлю темп. Ну остановлюсь на середине. И что? И где мое сальдо? В чем моя фишка? Ни сальдо, ни фишки в альтернативе не просматривалось. У меня оставался только один выбор. И мой паровоз, не сбавляя ходу, помчался к искомой точке Б. Я шел на медаль.

Но на одном из малых полустанков он чуть было не столкнулся с преградой и не сошел с рельсов. За месяц до выпускных на уроке истории, стоя у доски, я отвечал на тему «Начальный период Великой Отечественной войны». Я страшно любил историю и впитывал в себя знания предмета не только и не столько из учебника, сколько по десяткам книг воспоминаний ветеранов. А уж они, ветераны, точно знали что почем.

Но школьные уроки истории и литературы — это минные поля. Один неверный шаг, и, как пел Утесов, «Прости, прощай, Одесса мама». Когда я стал говорить о начальных потерях и отступлении до Москвы, историчка сделала стеклянные глаза и меня остановила.

— Где это ты взял?

— В учебнике и в воспоминаниях ветеранов.

— Воспоминания не входят в учебную программу. А в учебнике четко сказано, что Красная армия не отступала, а только отходила на более выгодные позиции, чтобы с новой силой бить врага. А ты словно радуешься удачам фашистов.

— Так мы же остановили немцев под Москвой. А до этого отступали. Это же факт. И ничего я не радуюсь. У меня дядю убили на войне.

— Опять ты про отступление. Не наши это слова. Ты понимаешь? Можно об одном и том же по-разному говорить.

— Я по-разному и говорю. Просто называю факты.

— А ты здесь не ерничай! Ишь ты. С учителем решил спорить! Садись, двойка!

По классу прокатился ропот. Я оглянулся. Одноклассники смотрели на меня с непониманием и, наверное, думали: «Какой дурак. Шел на медаль и словил пару на пустяке». А я подумал: вот он, настоящий урок. Про одно и то же можно, оказывается, говорить по-разному и фактами вертеть туда-сюда, как собака хвостом. И из тех же фактов получается совсем другая История. Да и хрен с ней с такой «Историей»! Да и с этой медалью. Если она от такой «Истории» зависит.

На последнем уроке объявлялась годовая оценка. Историчка дошла до моей буквы Н и слегка споткнулась. Посмотрела на меня, достала из ящика стола чистый лист бумаги, и стала что-то писать карандашом. Возникла долгая пауза.

— Вообще-то, — наконец сказала она, — с двойкой в журнале годовую пятерку я ставить не имею морального права. Но арифметически, если смотреть по четвертям, получается 5, 5, 5 и 3, и деля сумму на 4, получаем среднюю 4.5. Можно округлить до четырех или пяти. Что думает класс?

— Пять! — Дружно ответили мои одноклассники.

— Все так думают? — Учительница строго посмотрела на класс.

— Все! — Отозвалось громкое эхо.

— Ну все, так все. Сделаем исключение и поставим пять. Скажи спасибо.

— Спасибо... Дяде Боре. — сказал я, глядя ей прямо в глаза. Он на войне за всех за нас погиб.

ЭПИЛОГ

Шторы опускаются. Сеанс закончен. Но хочется вернуться в этот кинотеатр памяти и еще раз посмотреть свой любимый фильм о детстве. Погрузиться в теплые волны его безмятежности и свободы, доброй магии и озорного волшебства.

Мы все когда-то были детьми, но детство у каждого было особенное, неповторимое, удивительное и прекрасное. Может быть, вы напишите об этом свой рассказ и поделитесь с нами сюжетами из своего детства. Тогда его частица станет общим достоянием, а коллективная память его сбережет.

С пожеланиями мира, света и добра,

Борис Найдич

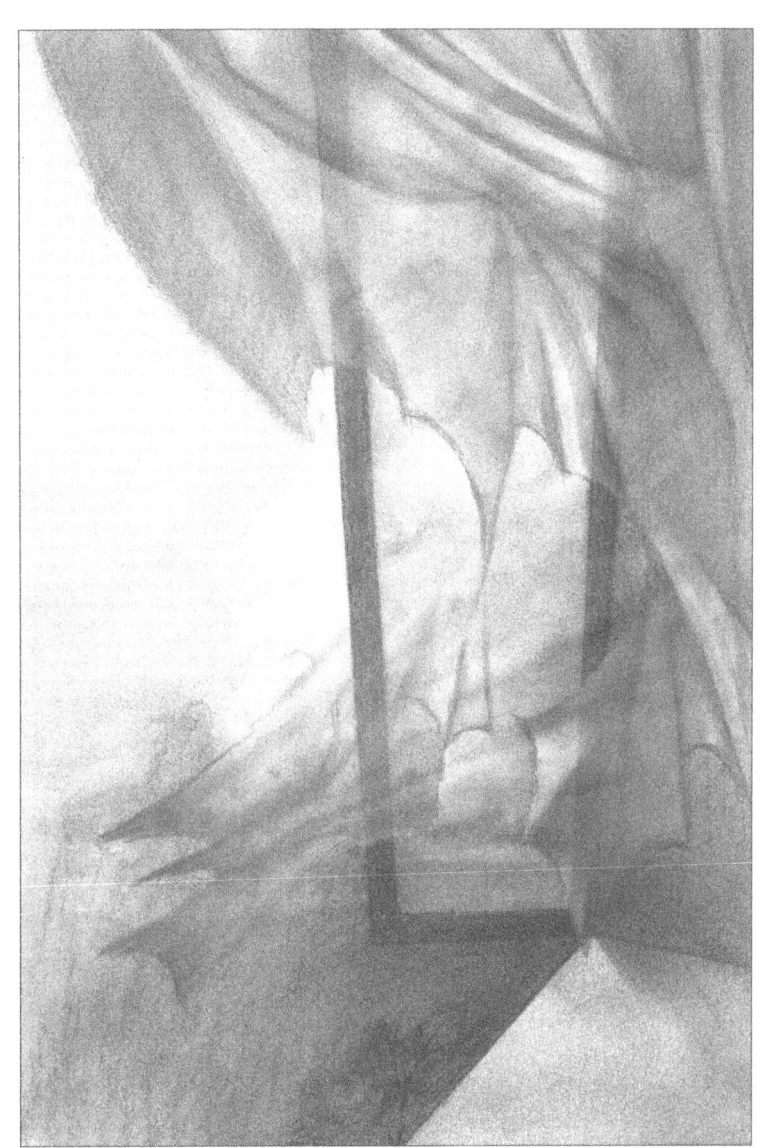

СОДЕРЖАНИЕ

Несколько предварительных слов ... 7

От автора 11

Шторы 13

1952 19

Камень 23

Подарок 27

Сепсис 31

Пианино 39

Костюмчик 49

Бородино 55

Цугцванг 59

Школа 67

Дуэль 73

Зубы 77

Перина 83

Сахар 87

Крыша 93

Могила 97

Собаки 105

Вина 113

Карты 121

Йорик 129

Бутсы 133

Ярость 141

Хвост 149

Чемпион 157

Вода 165

Ружье 171

Переворот 181

Эпилог 188

www.ingramcontent.com/pod-product-compliance
Lightning Source LLC
Chambersburg PA
CBHW041235060526
44107CB00136BA/730